Alles klar!

AF870208

Lern- und Übungsheft

Texte erschließen 5|6

Neue Ausgabe

Erarbeitet von

Tanja Rencker-Stäpeler und
Ulrike Staffel-Schierhoff

Cornelsen

So arbeitest du mit dem Heft:

Strategien

Hier lernst du, wie du beim Erschließen von Texten vorgehst und welche Strategien dir dabei helfen.

Übungen

Hier kannst du selbstständig üben.

→ **Schritt 1** verweist dich auf die Schritte im Strategieteil und auf den Umschlag-Innenseiten.

Kontrolliere deine Ergebnisse mit dem Lösungsteil.

Teste dich!

Mit den Testaufgaben kannst du dein Wissen und Können überprüfen.

- Trage die erreichten Punkte in das Kästchen ein und rechne die Gesamtpunktzahl aus.
- Schlage im Lösungsteil nach, wie du dein Ergebnis einschätzen kannst.

Wiederholen und vertiefen

○● Hier kannst du weiterüben, wenn du noch nicht so sicher im Texte Erschließen bist.

●● Hier kannst du weiterüben, wenn du schon sehr sicher im Texte Erschließen bist.

Strategien auf einen Blick

findest du auf der vorderen Umschlag-Innenseite.

Merkwissen im Überblick

findest du auf der hinteren Umschlag-Innenseite.

Inhalt

Sachtexte erschließen

Schritt 1:

Vermutungen über den Inhalt des Textes anstellen

Verschaffe dir einen Überblick über den Text, indem du die **Überschrift** liest und die **Bilder** betrachtest. Auch Zwischenüberschriften und andere Hervorhebungen können dir helfen, dich schnell zu orientieren. Anhand dieser Informationen kannst du **Vermutungen über den Inhalt des Textes** anstellen.

1 Lies die Überschrift und betrachte die Bilder des folgenden Textes.

Zitteraal – Ein elektrischer Fisch

von Olga-Louise Dommel

Zugegeben: Der Zitteraal ist nicht gerade hübsch, aber er kann Stromstöße erzeugen. Er gehört zu den elektrischen Fischen, wie der Zitterrochen, der Zitterwels und viele hundert andere elektrische Fische. Aber der Zitteraal kann die höchste Spannung erzeugen: 600 Volt.
Die Stromstöße benutzt der Zitteraal, um sich zu verteidigen. Kommt ihm jemand zu nahe, gibt er einen Stromstoß ab und vertreibt so den Feind. Besonders wichtig ist seine Elektrizität aber auch, um Beute zu fangen. Er sieht sehr schlecht. Darum lauert er an der Wasseroberfläche. Nähert sich ein kleiner Fisch, gibt er einen starken Stromstoß ab. Der kleine Fisch ist betäubt und der Zitteraal kann ihn fressen.
Der Zitteraal ist eigentlich gar kein Aal, er sieht nur so aus, weil er keine Bauch-, keine Rückenflossen und fast keine Schwanzflossen hat. Das ist ganz typisch für die Neuwelt-Messerfische, die alle in Südamerika leben, im Amazonas und in anderen schlammigen Süßgewässern. Bis zu 2,50 Meter lang und bis zu 20 kg schwer kann so ein Zitteraal werden. Seinen Namen bekam er vermutlich, weil er für einen kurzen Moment zittert, wenn er seinen Stromstoß abgibt.

Viele elektrische Fische benutzen ihre Elektrizität auch zur Orientierung und zur Verständigung. Sie bauen ein elektrisches Feld um sich herum auf. Je nachdem, wie gut die Gegenstände in diesem Feld Strom leiten, verändert sich das Feld: durch Steine, Pflanzen oder Tiere. Mit einem speziellen Sinnesorgan können elektrische Fische diese Veränderungen wahrnehmen. Sie können auch schwache elektrische Impulse abgeben und sich so mit anderen elektrischen Fischen verständigen.

Wie entsteht aber die Elektrizität im Fisch? Der Zitteraal hat elektrische Organe. Die bestehen aus veränderten Muskeln, die hohe Spannungen freisetzen können. Wenn diese Muskeln angeregt werden, schalten spezielle Nerven im Fisch diese Muskeln hintereinander: „In Serie schalten“ nennt man das. Die Muskeln funktionieren dann wie eine Batterie.

2 Worum geht es in dem Text vermutlich? Kreuze an.

In dem Text geht es vermutlich um ...

- ☐ ... einen Aal, der schnell friert.
- ☐ ... eine neue Art der Energiegewinnung.
- ☐ ... einen ferngesteuerten Computerfisch.
- ☐ ... einen Fisch, der Elektrizität erzeugen kann.
- ☐ ... eigene Idee: ____________________

Schritt 2: Prüfen, ob die Vermutungen zutreffen

Lies den Text zum ersten Mal und **überprüfe, welche deiner Vermutungen richtig waren** und wo der Text von deinen Vermutungen abweicht. Halte deinen Eindruck vom Text fest.

3 **a)** Lies den Text zum ersten Mal aufmerksam.

b) Überprüfe, ob deine Vermutungen zutreffen.

c) Halte deinen ersten Eindruck vom Text fest.

Man erfährt in dem Text ...

Schritt 3:
Unbekannte Wörter und schwierige Textstellen klären

Kläre nach dem zweiten Lesen unbekannte Wörter und schwierige Textstellen. Versuche zunächst, ihre Bedeutung **aus dem Zusammenhang zu erschließen**. Gelingt dies nicht, **schlage im Wörterbuch nach** oder **nutze das Internet**.

4 a) Lies den Text zum zweiten Mal.

b) Markiere unbekannte Wörter und Textstellen, die du nicht gleich verstehst.

5 a) In dem Fisch siehst du alle Wörter, die Jana markiert hat, weil sie sie nicht versteht oder schwierig findet. Suche die Wörter im Text und markiere sie.

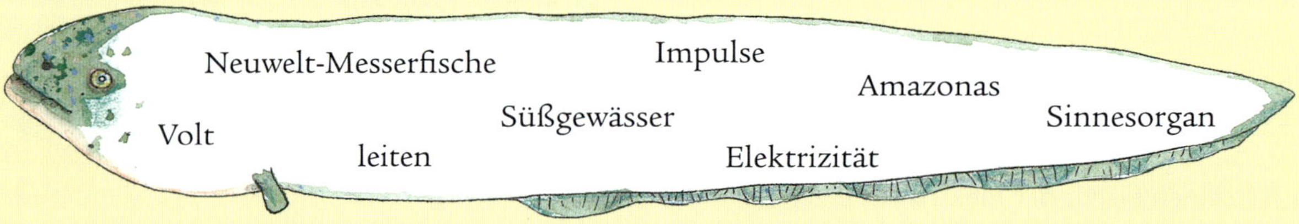

Schreibe alle Nomen/Substantive mit Artikel auf. In vielen Fällen ist dies beim Erschließen der Bedeutung hilfreich.

b) Kläre nun die Bedeutung der Wörter und fülle die folgende Tabelle aus. Ergänze auch Wörter aus dem Text, die du selbst nicht verstehst.

Schwieriges Wort	Zeile	Bedeutung
das Volt		
die Elektrizität		
der Neuwelt-Messerfisch		
der Amazonas		
das Süßgewässer		
leiten		
das Sinnesorgan		
der Impuls		

Schritt 4:
Den Inhalt des Textes genauer untersuchen

Um den Inhalt des Textes genauer zu untersuchen, hast du drei Möglichkeiten:

1 Stelle ***W*-Fragen** an den Text und beantworte sie, z. B. *Wer? Wo? Wann? Was? Wie? Warum?*

2 Markiere in jedem Abschnitt **Schlüsselwörter** und wichtige Informationen zu den Schlüsselwörtern.

3 Formuliere **Überschriften zu den einzelnen Abschnitten**.

6 Bei den meisten Texten lässt sich der Inhalt leicht mit Hilfe von *W*-Fragen untersuchen.

a) Lies die folgenden *W*-Fragen zum Text und gib an, in welchem Abschnitt du Hinweise zur Beantwortung findest.

Warum ist der Zitteraal ein elektrischer Fisch? (*Zeilen 1–3*)

Welche Funktion hat die Elektrizität des Zitteraals? (*Zeilen* ____ *bis* ____)

Wie fängt der Zitteraal seine Beute? (*Zeilen* ____ *bis* ____)

Wie sieht der Zitteraal aus? (*Zeilen* ____ *bis* ____)

Warum heißt der Zitteraal Aal, obwohl er eigentlich keiner ist? (*Zeilen* ____ *bis* ____)

Wo leben Zitteraale? (*Zeilen* ____ *bis* ____)

Wie entsteht die Elektrizität im Fisch? (*Zeilen* ____ *bis* ____)

b) Beantworte die *W*-Fragen mit Hilfe des Textes. Schreibe die Antworten in dein Heft.

7 Bei anderen Texten ist es einfacher, Schlüsselwörter und wichtige Informationen zu den Schlüsselwörtern zu markieren und den Inhalt so zu untersuchen.

a) Lars und Maja haben im ersten Abschnitt unterschiedlich markiert.
Sieh dir die beiden Möglichkeiten an.

Maja hat so markiert:

Zugegeben: Der Zitteraal ist nicht gerade hübsch, aber er kann Stromstöße erzeugen. Er gehört zu den elektrischen Fischen, wie der Zitterrochen, der Zitterwels und viele hundert andere elektrische Fische. Aber der Zitteraal kann die höchste Spannung erzeugen: 600 Volt.

Lars hat so markiert:

Zugegeben: Der Zitteraal ist nicht gerade hübsch, aber er kann Stromstöße erzeugen. Er gehört zu den elektrischen Fischen, wie der Zitterrochen, der Zitterwels und viele hundert andere elektrische Fische. Aber der Zitteraal kann die höchste Spannung erzeugen: 600 Volt.

Schlüsselwörter sind Wörter, die zum Verstehen eines Textes besonders wichtig sind.

b) Entscheide, welche der Markierungen sinnvoller für das Verstehen des Textes ist. Kreuze an.

Maja hat sinnvoller markiert. ☐ Lars hat sinnvoller markiert. ☐

c) Begründe deine Meinung, indem du mit Hilfe einer Linie die passenden Begründungen zusammenführst.

Ich finde, dass ...	*Maja*	*... sinnvoller markiert und unterstrichen hat, weil hier nur die wichtigsten Dinge markiert und unterstrichen sind. Der Zitteraal ist das wichtigste Wort in dem Abschnitt. Alle Zusatzinformationen hierzu sind unterstrichen.*
	Lars	*... nicht so sinnvoll markiert und unterstrichen hat, weil hier viel zu viel unterstrichen wurde. Hier kann man nicht mehr gut erkennen, was denn das Wichtige und was das Unwichtige ist. Auch sind hier zu viele Wörter markiert. Diese sind nicht alle so wichtig für das Verstehen des Textes.*

d) Markiere nun den restlichen Text in ähnlicher Weise, wie Lars dies getan hat.

8 **a)** Der vorliegende Text ist in fünf Abschnitte unterteilt. Markiere diese mit Bleistift.

b) Lies die folgenden Überschriften und suche fünf heraus, die zu den Abschnitten passen.

Strom aus Muskel **Schon gewusst?** **Strom als Waffe** **Zugegeben**

Zitteraal frisst kleinen Fisch **Strom zur Orientierung** **Vorüberlegungen**

c) Übertrage die folgende Tabelle in dein Heft und vervollständige sie.

d) Notiere anschließend wichtige Inhalte des Abschnitts in der rechten Spalte.

Abschnitt Nr.	Überschrift	Notiere in Stichpunkten, worum es in diesem Abschnitt geht.
1	*Vorüberlegungen*	*Zitteraal* • *kann Stromstöße erzeugen* • *gehört zu elektrischen Fischen* • *kann bis zu 600 Volt erzeugen*
2	...	...

Schritt 5: Über den Text nachdenken

Bilde dir eine **Meinung** zum Text.
Welche **weiteren Fragen** hast du?
Bestimme die **Funktion des Textes**.

9 Schreibe deine Meinung über den Text in dein Heft. So kannst du beginnen:

Ich finde den Text über Zitteraale sehr interessant, denn bisher wusste ich nichts über diese Tiere.

In dem Text erfährt man z. B. ...

10 Welche Fragen bleiben im Text unbeantwortet?

a) Leon würde gern noch mehr über den Zitteraal erfahren. Lies seine Notizen durch.

nicht gerade hübsch – Wer behauptet das?

sieht schlecht – Woher weiß man das eigentlich?

jagt an der Wasseroberfläche – Grund? An der Oberfläche mehr Beute?

Begegnung mit Zitteraal beim Schwimmen gefährlich?

b) Formuliere Leons Fragen in deinem Heft aus und ergänze eigene Fragen, die der Text nicht beantwortet.

11 Welche Funktion hat der Text?

a) Kreuze die richtige Lösung an.

Der Text möchte ...
- ☐ ... den Leser über den Zitteraal informieren.
- ☐ ... den Leser vor dem Zitteraal warnen.
- ☐ ... dem Leser etwas Lustiges über den Zitteraal erzählen und ihn so unterhalten.

b) Begründe deine Meinung.

Diagramme erschließen

Schritt 1:

Herausfinden, worüber das Diagramm informiert

Lies die **Überschrift** oder die **Bildunterschrift** und finde heraus, worüber das Diagramm informiert.

1 Worüber informiert das Diagramm?

Die Diagrammüberschrift ist oft kurz und enthält die wichtigste Information über den Inhalt des Diagramms.

a) Lies die Überschrift und die Bildunterschrift des Diagramms.

Herzaktivität

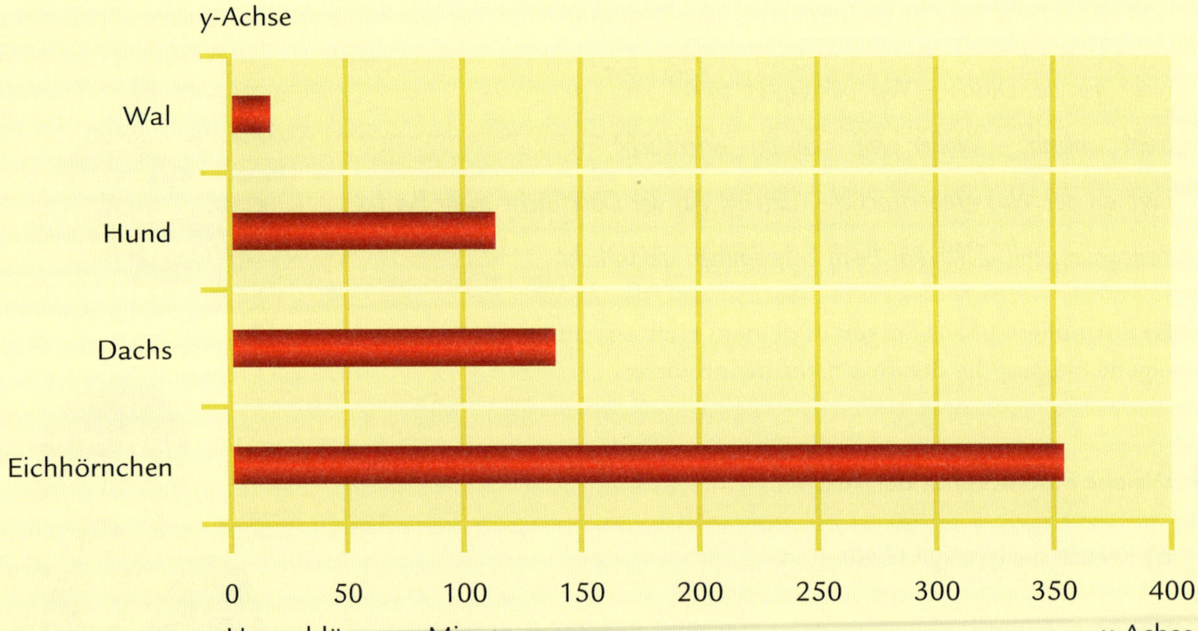

Herzschläge pro Minute

b) Wie könnte das Thema des Diagramms lauten? Kreuze an.

- ☐ Gegenüberstellung der Herzaktivität bei Säugetieren und Fischen
- ☐ Vergleich der Anzahl der Herzschläge pro Minute bei ausgewählten Säugetieren
- ☐ Veränderung der Herzaktivität bei verschiedenen Tieren im Laufe der Zeit

Schritt 2: Die Art des Diagramms bestimmen

Entscheide, ob es sich um ein **Säulendiagramm**, ein **Balkendiagramm**, ein **Kreisdiagramm** oder ein **Kurvendiagramm** handelt.

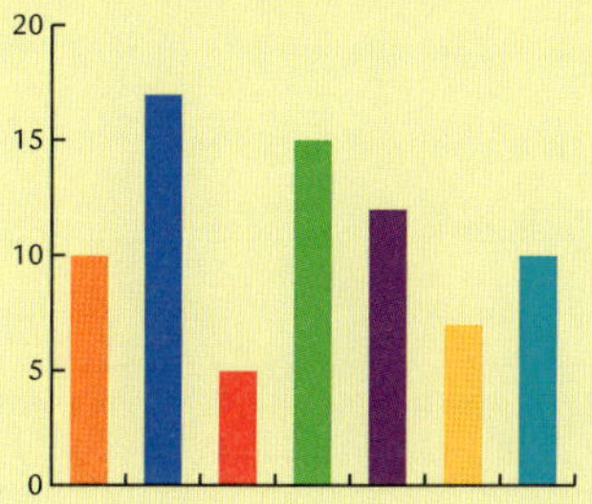

Säulendiagramm

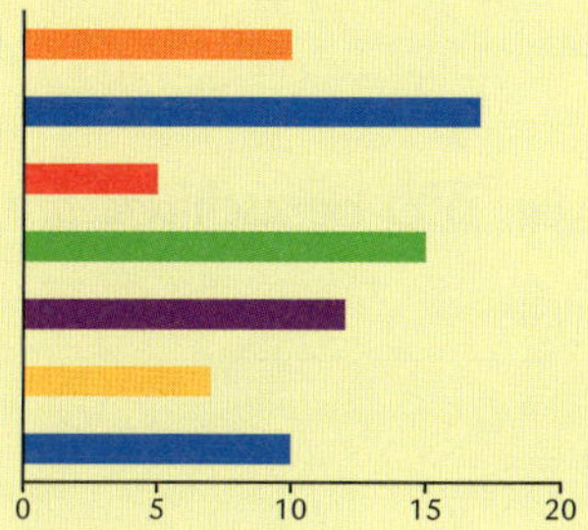

Balkendiagramm

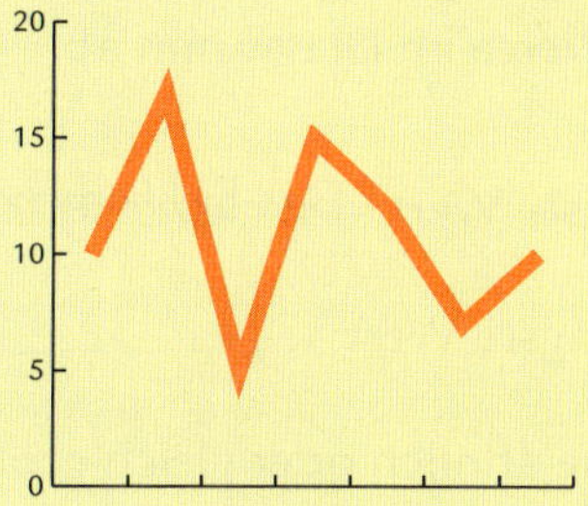

Kurvendiagramm

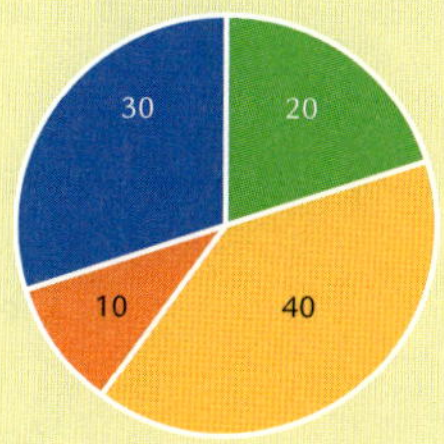

Kreisdiagramm

2 Betrachte das Diagramm auf ↗ S. 10 genau. Um welchen Diagrammtyp handelt es sich?

Es handelt sich um ein ______________________________.

Schritt 3: Das Diagramm genau betrachten

Betrachte das Diagramm genau.
Welche **Angaben** kannst du **ablesen**?
Welche **Maßeinheiten** werden verwendet, z. B. Euro (€), Kilogramm (kg)?
Gibt es **zusätzliche Erklärungen**, z. B. in einer Legende?

3 Welche Angaben kannst du ablesen? Ergänze den Lückentext.

Das Diagramm informiert über ______________________________ *bei* ______________________________*. Dies kann man an der* ______________________________ *und der y-Achse ablesen. In der x-Achse wird die Anzahl der* ______________________________ *angegeben.*

Beachte die Angaben in der Überschrift, der Bildunterschrift sowie in der x- und der y-Achse.

4 Welche Maßeinheiten werden verwendet (z. B. Kilogramm, Meter, Anzahl, ...)?

Als Maßeinheit ______________________________ *verwendet.*

Schritt 4: Die Angaben im Diagramm vergleichen

Vergleiche die Angaben im Diagramm.
Welches ist der höchste und welches der niedrigste Wert?
Welche Werte sind ähnlich oder gleich groß?

5 Lies die Werte im Diagramm ab.

Der höchste Wert: *Das Eichhörnchen hat ca. 355 Herzschläge pro Minute.*

Der niedrigste Wert: ______________________________

Werte, die ähnlich oder gleich groß sind: ______________________________

____

____

6 Um welche Arten von Tieren handelt es sich?

a) Was haben die Tiere gemeinsam? Kreuze an.

- ☐ Es handelt sich um Säugetiere.
- ☐ Sie bewohnen den gleichen Lebensraum.
- ☐ Sie besitzen alle ein Fell zum Schutz vor extremen Temperaturen.

b) Worin unterscheiden sich diese Tiere? Notiere deine Überlegung.

Die Tiere unterscheiden sich z. B. ______________________________

____

____

____

____

Schritt 5: Das Diagramm auswerten

Werte aus, was im Diagramm gezeigt wird.
Fasse zusammen, was sich an dem Diagramm ablesen lässt.
Welche Angaben findest du erstaunlich, welche hast du erwartet?

7 Fasse zusammen, was im Diagramm gezeigt wird.

a) Ergänze den Lückentext.

Wal, Hund, Dachs und Eichhörnchen haben eine sehr unterschiedliche ______________.

Je ______________ *die Tiere sind, desto* ______________

______________ *Herzschläge pro Minute haben sie. Das kleine Eichhörnchen z.B. hat*

______________ *. Der große Wal*

hingegen ______________.

b) Findest du die Angaben erstaunlich? Begründe.

____

____

8 **a)** Äußere Vermutungen, womit die Angaben zusammenhängen könnten. Kreuze an.

- ☐ mit der Lebensdauer
- ☐ mit der Schnelligkeit
- ☐ mit der Nahrungsaufnahme
- ☐ mit dem Alter des Tieres
- ☐ mit der Größe des Herzens
- ☐ ______________

b) Begründe deine Auswahl.

____

____

9 Für welche Personengruppe(n) könnte das Diagramm interessant sein? Begründe.

____

____

Literarische Texte erschließen

Schritt 1:

Vermutungen über den Inhalt des Textes anstellen

Verschaffe dir einen Überblick über den Text, indem du die **Überschrift** liest und die **Bilder** betrachtest. Stelle **Vermutungen über den Inhalt des Textes** an. Vielleicht findest du auch Indizien dafür, um **welche Textsorte** es sich handelt.

1 a) Lies die Überschrift und betrachte die Bilder des folgenden Textes.

Die beiden Kinder und die Hexe

Es war einmal eine Frau, die hatte einen Sohn und eine Tochter.

Eines Tages schickte die Mutter ihren Sohn aus, um für fünf Escudos* Bohnen zu kaufen, und dann sagte sie zu den beiden: „Meine Kinder, geht auf der Straße so weit, wie ihr Bohnenhülsen auf den Pfad gestreut findet, und wenn ihr den Wald erreicht, werdet ihr mich dort beim Brennholzsammeln finden."

Die Kinder taten, wie sie geheißen worden waren; und nachdem die Mutter gegangen war, folgten sie der Spur der Bohnen, die die Mutter entlang der Straße ausstreute, doch sie fanden sie weder im Wald noch sonst irgendwo. Als die Nacht gekommen war, sahen sie in der Dunkelheit ein Licht, das in der Ferne leuchtete, leicht zu erreichen. Sie folgten ihm und bald kamen sie zu einer alten Frau, die Pfannkuchen briet. Die alte Frau war auf einem Auge blind und der Junge ging auf die blinde Seite und stahl einen Pfannkuchen, weil er so hungrig war. Sie glaubte, es sei ihre Katze gewesen, die den Pfannkuchen gestohlen hatte, und sagte: „Du diebische Katze! Lass meine Pfannkuchen in Ruhe; sie sind nicht für dich bestimmt!" Der kleine Junge sagte jetzt zu seiner Schwester: „Geh du jetzt und nimm dir einen Pfannkuchen."

Aber das kleine Mädchen antwortete: „Das kann ich nicht, weil ich sicher lachen muss."

Doch als der Junge darauf bestand und die Schwester drängte, es zu versuchen, blieb ihr nichts anderes übrig, als es zu tun. So ging sie auf die Seite des blinden Auges der alten Frau und stahl noch einen ihrer Pfannkuchen.

Die alte Frau, die wieder dachte, es wäre ihre Katze, sagte: „Geh weg! Fort, du alte Mieze; diese Pfannkuchen sind nicht für dich bestimmt!"

* Geldstücke

Seite 5

2 In dem Text geht es vermutlich um einen Fisch, der Elektrizität erzeugen kann.

3 b) *So könnte deine Lösung lauten:*
Wie ich vermutet hatte, handelt der Text von einem Fisch, der Elektrizität erzeugen kann. / Entgegen meiner Vermutung handelt der Text von einem Fisch, der Elektrizität erzeugen kann.

Seite 6

5 b)

Schwieriges Wort	Z.	Bedeutung
das Volt	3	eine Maßeinheit der elektrischen Spannung
die Elektrizität	5	ein Grundphänomen der Natur, das auf der Anziehung und Abstoßung elektrisch geladener Teilchen beruht
der Neuwelt-Messerfisch	10	eine Fischart, die in den Süßgewässern Süd- und Mittelamerikas lebt
der Amazonas	11	ein sehr großer südamerikanischer Fluss
das Süßgewässer	11	Flüsse oder Seen, das Gegenteil vom salzhaltigen Meer
leiten	16	weitergeben
das Sinnesorgan	17	z. B. Haut, Ohr, Nase, Auge, Mund
der Impuls	18	der Anstoß

Seite 7

6 a) und b)
Frage: Warum ist der Zitteraal ein elektrischer Fisch? (Z. 1–3)
Antwort: Der Zitteraal ist ein elektrischer Fisch, weil er Stromstöße erzeugen kann.
Frage: Welche Funktion hat die Elektrizität des Zitteraals? (Z. 4–6, 14–15)
Antwort: Der Zitteraal benutzt die Elektrizität, um sich zu verteidigen, um Beute zu fangen, sich zu orientieren und sich zu verständigen.
Frage: Wie fängt der Zitteraal seine Beute? (Z. 5–8)
Antwort: Der Zitteraal lauert an der Wasseroberfläche und betäubt einen sich nähernden Fisch mit einem starken Stromstoß, um ihn fressen zu können.
Frage: Wie sieht der Zitteraal aus? (Z. 1, 9–12)
Antwort: Der Zitteraal ist nicht sehr hübsch, sieht aus wie ein Aal und kann bis zu 2,50 Meter lang und bis zu 20 kg schwer werden.
Frage: Warum heißt der Zitteraal Aal, obwohl er eigentlich keiner ist? (Z. 9–10)
Antwort: Der Zitteraal ist kein Aal, wird aber so genannt, weil er aussieht wie ein Aal. Genau wie der Aal hat er keine Bauch-, Rücken- und auch fast keine Schwanzflossen.
Frage: Wo leben Zitteraale? (Z. 11)
Antwort: Zitteraale leben in den schlammigen Süßgewässern Südamerikas.
Frage: Wie entsteht die Elektrizität im Fisch? (Z. 20–23)
Antwort: Die Elektrizität im Fisch entsteht durch elektrische Organe, die aus veränderten Muskeln bestehen und hohe Spannungen freisetzen können.

Seite 8

7 b) Lars hat sinnvoller markiert.

c) Ich finde, dass Lars sinnvoller markiert und unterstrichen hat, weil hier nur die wichtigsten Dinge markiert und unterstrichen sind.
Der Zitteraal ist das wichtigste Wort in dem Abschnitt. Alle Zusatzinformationen hierzu sind unterstrichen.
Ich finde, dass Maja nicht so sinnvoll markiert und unterstrichen hat, weil hier viel zu viel unterstrichen wurde. Hier kann man nicht mehr gut erkennen, was denn das Wichtige und was das Unwichtige ist. Auch sind hier zu viele Wörter markiert. Diese sind nicht alle so wichtig für das Verstehen des Textes.

7 d) und 8 a) *So könnte deine Lösung lauten:*

Zitteraal – Ein elektrischer Fisch

1. Abschnitt

Zugegeben: Der Zitteraal ist nicht besonders hübsch, aber er kann Stromstöße erzeugen. Er gehört zu den elektrischen Fischen, wie der Zitterrochen, der Zitterwels und viele hundert andere elektrische Fische. Aber der Zitteraal kann die höchste Spannung erzeugen: 600 Volt.

2. Abschnitt

Die Stromstöße benutzt der Zitteraal, um sich zu verteidigen. Kommt ihm jemand zu nahe, gibt er einen Stromstoß ab und vertreibt so den Feind. Besonders wichtig ist seine Elektrizität aber auch, um Beute zu fangen. Er sieht sehr schlecht. Darum lauert er an der Wasseroberfläche. Nähert sich ein kleiner Fisch, gibt er einen starken Stromstoß ab. Der kleine Fisch ist betäubt und der Zitteraal kann ihn fressen.

3. Abschnitt

Der Zitteraal ist eigentlich gar kein Aal, er sieht nur so aus, weil er keine Bauch-, keine Rückenflossen und fast keine Schwanzflossen hat. Das ist ganz typisch für die Neuwelt-Messerfische, die alle in Südamerika leben, im Amazonas und in anderen schlammigen Süßgewässern. Bis zu 2,50 Meter lang und bis zu 20 kg schwer kann so ein Zitteraal werden. Seinen Namen bekam er vermutlich, weil er für einen kurzen Moment zittert, wenn er seinen Stromstoß abgibt.

4. Abschnitt

Viele elektrische Fische benutzen ihre Elektrizität auch zur Orientierung und zur Verständigung. Sie bauen ein elektrisches Feld um sich herum auf. Je nachdem, wie gut die Gegenstände in diesem Feld Strom leiten, verändert sich das Feld: durch Steine, Pflanzen oder Tiere. Mit einem speziellen Sinnesorgan können elektrische Fische diese Veränderungen wahrnehmen. Sie können auch schwache elektrische Impulse abgeben und sich so mit anderen elektrischen Fischen verständigen.

5. Abschnitt

Wie entsteht aber die Elektrizität im Fisch? Der Zitteraal hat elektrische Organe. Die bestehen aus veränderten Muskeln, die hohe Spannungen freisetzen können. Wenn diese Muskeln angeregt werden, schalten spezielle Nerven im Fisch diese Muskeln hintereinander: „In Serie schalten“ nennt man das. Die Muskeln funktionieren dann wie eine Batterie.

8 c) und d) *So könnte deine Lösung lauten:*

Abschnitt Nr.	Überschrift	Notiere in Stichpunkten, worum es in diesem Abschnitt geht.
1	Vorüberlegungen	Zitteraal • kann Stromstöße erzeugen • gehört zu elektrischen Fischen • kann bis zu 600 Volt erzeugen
2	Strom als Waffe	Stromstöße • um sich zu verteidigen • um Beute zu fangen
3	Schon gewusst?	Neuwelt-Messerfisch • kein Aal, sieht nur so aus • lebt in Südamerika • bis zu 2,50 Meter lang • bis zu 20 kg schwer • Name: zittert, wenn er einen Stromstoß abgibt
4	Strom zur Orientierung	elektrisches Feld • zur Orientierung: Sinnesorgane nehmen Veränderungen des elektrischen Feldes wahr • zur Verständigung: schwache Impulse werden abgegeben
5	Strom aus Muskeln	elektrische Organe • bestehen aus veränderten Muskeln • können hohe Spannungen freisetzen

Seite 9

10 b) *So könnte deine Lösung lauten:*
Wieso ist der Zitteraal nicht gerade hübsch und wer behauptet das?
Woher weiß man eigentlich, dass der Zitteraal schlecht sieht?
Warum jagt der Zitteraal an der Wasseroberfläche? Gibt es an der Oberfläche mehr Beute?
Ist die Begegnung mit einem Zitteraal beim Schwimmen gefährlich?
Welche Feinde hat der Zitteraal?
Wie heißt das Sinnesorgan, mit dem der Zitteraal Veränderungen im elektrischen Feld wahrnehmen kann?

11 a) Der Text möchte den Leser über den Zitteraal informieren.

b) *So könnte deine Lösung lauten:*
Der Text ist sachlich formuliert und enthält weder eine Warnung, noch eine lustige Geschichte über den Zitteraal. Daher handelt es sich um einen informierenden Text.

Seite 10

1 b) Das Thema des Diagramms lautet: Vergleich der Anzahl der Herzschläge pro Minute bei ausgewählten Säugetieren.

Seite 11

2 Es handelt sich um ein Balkendiagramm.

3 Das Diagramm informiert über die Herzaktivität bei Säugetieren. Dies kann man an der x-Achse und der y-Achse ablesen. In der x-Achse wird die Anzahl der Herzschläge pro Minute angegeben.

4 Als Maßeinheit wird die Anzahl der Herzschläge pro Minute verwendet.

Seite 12

5 Der höchste Wert: Das Eichhörnchen hat ca. 355 Herzschläge pro Minute.
Der niedrigste Wert: Der Wal hat ca. 17 Herzschläge pro Minute.
Werte, die ähnlich oder gleich groß sind: Der Hund hat mit ca. 115 Herzschlägen pro Minute ähnlich viele Herzschläge wie der Dachs, dessen Herz ca. 141 Mal in der Minute schlägt.

6 a) Es handelt sich um Säugetiere.

b) *So könnte deine Lösung lauten:*
Die Tiere unterscheiden sich z. B. darin, dass der Wal im Gegensatz zu den anderen Tieren im Wasser lebt. Im Gegensatz zu Hund, Dachs und Eichhörnchen besitzt der Wal Flossen und kein Fell.

Seite 13

7 a) Wal, Hund und Eichhörnchen haben eine sehr unterschiedliche Herzaktivität. Je größer oder kleiner die Tiere sind, desto weniger oder mehr Herzschläge pro Minute haben sie.
Das kleine Eichhörnchen z. B. hat ca. 355 Herzschläge pro Minute. Der große Wal hingegen hat nur ungefähr 17 Herzschläge pro Minute.

8 a) *So könnte deine Lösung lauten:*
Lebensdauer, Alter des Tieres, Größe des Herzens

b) *So könnte deine Lösung lauten:*
Das Alter wirkt sich auf die Größe des Tieres und damit auch auf seine Herzgröße aus.
Die Größe des Herzens und die damit verbundenen Herzschläge pro Minute wirken sich auf die Lebensdauer der Tiere aus. So besitzt eine kleine Maus (ca. 2 Jahre) eine geringere Lebenserwartung als ein großer Elefant (ca. 70 Jahre).

9 *So könnte deine Lösung lauten:*
Das Diagramm könnte für einen Zoologen oder einen Tierarzt interessant sein, der untersuchen möchte, ob das Herz bei einem Tier gesund ist.

Seite 16

1 b) *So könnte deine Lösung lauten:*
Der Text ähnelt dem Märchen von Hänsel und Gretel, die, allein im Wald, auf die böse Hexe treffen.

c) Märchen

d) Über die Textsorte *Märchen* weiß ich folgende Dinge:
Märchen erzählen von wundersamen Begebenheiten, wie sprechenden Tieren oder Zaubereien. Sie sind frei erfundene Erzählungen, die erst mündlich weitererzählt und später aufgeschrieben wurden, zum Beispiel von den Brüdern Grimm. Oftmals beginnen Märchen mit „Es war

einmal“ und enden mit „... und wenn sie nicht gestorben sind, so leben sie noch heute“.

2 b) Ein Geschwisterpärchen fällt einer Hexe in die Hände, die die Kinder mästen und im Ofen backen möchte. Mit der Hilfe einer guten Fee befördern die Kinder die Hexe selbst in den Ofen und werden so Besitzer des Hexenhäuschens.

Seite 17

3 c) Die Kinder taten, was ihnen gesagt worden war.

4

Fragen an den Text	Zu untersuchender Aspekt
Wo spielt die Handlung?	Handlungsort
Wann spielt die Handlung?	Handlungszeit
Wer kommt im Text vor?	Figuren und Eigenschaften
Was passiert im Text? / Worum geht es im Text?	Handlung des Textes
Warum passiert das im Text?	Begründungen und Erklärungen

Seite 18

5 a) und b)
Es war einmal eine Frau, die hatte einen Sohn und eine Tochter.
Die alte Frau war auf einem Auge blind.
Der Junge ... stahl einen Pfannkuchen, weil er so hungrig war.
Kurz nachdem sie diese gute Fee getroffen hatten, ...

6 die beiden Kinder, Hexe, Mutter, Bohnen, Brennholzsammeln, Pfannkuchen, stahl, Katze, blindes Auge, Lachkrampf, fett, Kiste, Finger, Schwanz, Wald, Fee, Ofen, backen, Brotschieber, Asche, Besitz

7 a) bis c)
Abschnitt 1: Eine Frau und ihre Kinder
Inhalt: Frau schickt ihre Kinder Bohnen kaufen und geht dann selbst Brennholz sammeln; streut Bohnenhülsen auf den Pfad; Kinder sollen sie finden
Abschnitt 2: Die alte Frau, die Pfannkuchen briet
Inhalt: Kinder folgen der Spur der Bohnen; können die Mutter nirgendwo finden; nachts folgen die Kinder einem Licht; Kinder sehen alte Frau beim Pfannkuchenbraten; Junge stiehlt aus Hunger Pfannkuchen; Junge fordert Schwester auf, es ihm nachzutun
Abschnitt 3: Zum Mästen in die Kiste
Inhalt: Schwester stiehlt Pfannkuchen; Schwester bekommt Lachkrampf; Kinder werden von Hexe entdeckt und zum Mästen in Kiste voller Kastanien gesteckt; Junge trickst Hexe mit Katzenschwanz aus
Abschnitt 4: Begegnung im Wald mit einer Fee
Inhalt: Kinder zum Holzsammeln in Wald geschickt; treffen gute Fee; Fee erzählt, dass Hexe Kinder im Ofen backen will; Fee hat Plan
Abschnitt 5: Austricksen der Hexe
Inhalt: heizen Ofen; Kinder sollen sich auf Brotschieber setzen; Hexe soll es vormachen; Kinder schieben Schieber mit Hexe in Ofen, Hexe verbrennt
So könnte deine Lösung lauten:
Abschnitt 6: Ein neues Zuhause
Inhalt: Kinder übernehmen Hütte

8 a) und b) Da der Erzähler im Hintergrund bleibt und der Text nicht in der Ich-Form geschrieben ist, handelt es sich um einen *Er-/Sie-Erzähler.*

c) Wir taten, wie uns geheißen worden war; und nachdem unsere Mutter gegangen war, folgten wir der Spur der Bohnen, die unsere Mutter entlang der Straße ausstreute, doch wir fanden sie weder im Wald noch sonst irgendwo. Als die Nacht gekommen war, sahen wir in der Dunkelheit ein Licht, das in der Ferne leuchtete, leicht zu erreichen. Wir folgten ihm und bald kamen wir zu einer alten Frau, die Pfannkuchen briet. Die alte Frau war auf einem Auge blind und ich ging auf die blinde Seite und stahl einen Pfannkuchen, weil ich so hungrig war. Sie glaubte, es sei ihre Katze gewesen, die den

Pfannkuchen gestohlen hatte, und sagte: „Du diebische Katze! Lass meine Pfannkuchen in Ruhe; sie sind nicht für dich bestimmt!“ Ich sagte jetzt zu meiner Schwester: „Geh du jetzt und nimm dir einen Pfannkuchen.“

Seite 19

9 a) und b) *So könnte deine Lösung lauten:*
Das vorliegende Märchen ist eine Variante des Märchens „Hänsel und Gretel“. Das erkenne ich daran, dass die Figurenzusammensetzung gleich ist: ein Geschwisterpärchen und eine Hexe. Die Kinder werden in den Wald geschickt und müssen einer Spur folgen. Die Spur verliert sich und umherirrend gelangen Bruder und Schwester zum Hexenhäuschen. Die Hexe will die Kinder erst mästen (Fingerprobe) und dann backen, bis sie durch einen Trick schließlich selbst im Ofen landet.

Seite 21

1 a) *So könnte deine Lösung lauten:*
Ich vermute, dass der Text von einer Lehrerin handelt, die kein Mensch, sondern ein Roboter ist.

2 a) *So könnte deine Lösung lauten:*
Wie ich richtig vermutet habe, handelt der Text von einer Lehrerin, die kein Mensch, sondern ein Roboter ist.

3 a) und b)

Schwierige Textstelle	Z.	Bedeutung
starre Mimik	12	eingeschränkter Gesichtsausdruck
mimen	18	dem Gesicht Ausdruck verleihen, darstellen
schnarrend	6	metallisch klingend, blechern

Seite 22

4 a) Wo gibt es eine Roboter-Lehrerin?
Um wen geht es in diesem Text hauptsächlich?
Was ist das Besondere an der „Lehrerin unter Strom“?
Wie heißt die Roboter-Lehrerin?
Warum ist die Lehrerin manchen Kindern unheimlich?
Was kann die Roboter-Lehrerin nicht?

5 Stellt euch vor, es geht morgens die Tür zu eurem Klassenzimmer auf und herein spaziert ein Roboter! So ging es den Kindern einer Schule in Tokio. Roboter-Frau Saya übernahm dort probeweise den Unterricht.
Die Kinder einer Schule in Tokio heben erstaunt die Köpfe: Auf dem Stundenplan steht Technikunterricht, aber auf dem Stuhl vorne am Lehrerpult nimmt gerade eine unbekannte junge Frau Platz. Sie stellt sich der Klasse mit einer schnarrenden Stimme als Saya vor. Die Kinder staunen noch mehr, als sie erfahren, dass ihre neue Techniklehrerin selbst ein vollautomatischer Roboter ist.
Saya ist kaum größer als ihre japanischen Schüler selbst und hat ein hübsches Puppengesicht. Ihre kurzen rötlichen Haare und schmalen Schultern lassen sie fast kindlich aussehen. Aber in ihrem weißen Mäntelchen, das bis unter das Kinn zugeknöpft ist, wirkt Saya merkwürdig steif. Und durch ihre starre Mimik sieht sie sogar ein bisschen unheimlich aus. Kein Wunder, denn Sayas Lächeln wird von 18 Motoren erzeugt, die sich unter ihrer Gummihaut verstecken!
Wie zu erwarten war, verläuft Sayas erste Unterrichtsstunde nicht ganz reibungslos: Als sie die Schüler ermahnt, „still zu sein“ und dabei ein ganz böses Gesicht macht, fangen sogar einige Kinder vor Schreck an zu weinen. Doch für Mitgefühl fehlt Saya das passende Programm. Ihr Erfinder Hiroshi Kobayashi hat Saya zwar programmiert, Überraschung, Angst, Empörung, Wut, Trauer und Freude zu mimen. Doch im Grunde lassen Saya ihre Schüler kalt. Ein echtes Vorbild ist Saya also nicht. Und so freuen sich die Kinder am Ende der Stunde, als sie aufstehen und ihrer Lehrerin zum Abschied in die Nase kneifen dürfen!

6 Abschnitt 1: Probeunterricht durch einen Roboter
Abschnitt 2: Techniklehrer – ein vollautomatischer Ratgeber

Abschnitt 3: Roboter-Lehrerin - ein bisschen unheimlich
Abschnitt 4: Eine nicht ganz reibungslose Unterrichtsstunde
Abschnitt 5: Roboter-Lehrerin - kein echtes Vorbild

7 *So könnte deine Lösung lauten:*
Steckbrief Roboter-Frau Saya
Name: Saya
Wohnort: Tokio
Beruf: Techniklehrerin
Merkmale:
- vollautomatisch
- hübsches Puppengesicht
- Gummihaut
- nicht sehr groß
- kurze rötliche Haare
- weißes Mäntelchen
- schnarrende Stimme
- schmale Schultern
- kindlich aussehend
- merkwürdig steif
- wirkt durch eingeschränkte Mimik und fehlendes Mitgefühl unheimlich

Seite 23

9 a) und b) Es handelt sich um einen informierenden Text, der etwas in sachlicher Sprache darstellt und keinen Appell enthält.

Seite 25

1 a) In dem Text geht es um das weltweit einzige Waisenhaus, das es für Elefanten in Sri Lanka gibt.

b) *So könnte deine Lösung lauten:*
Ich erwarte einen Bericht darüber, wie Elefanten zu Waisen werden, wie sie aufgenommen und gepflegt werden und was später aus ihnen wird.

2 a) *So könnte deine Lösung lauten:*
Meine Vermutung, dass der Text in sachlichem Stil Informationen darüber enthält, wie Elefantenwaisen aufgenommen und aufgezogen werden und was später aus ihnen wird, hat sich nach dem ersten Lesen bestätigt.

3 a) und b) *So könnte deine Lösung lauten:*
das Waisenhaus (Z.1): Einrichtung zur Betreuung und Fürsorge Elternloser
Sri Lanka (Z.1.): Inselstaat im Indischen Ozean
Pinnawela (Z.1): Ort auf der Insel Sri Lanka
der Mahout (Z.10): Elefantenführer
die Herde (Z. 8): Gruppe von meist größeren Säugetieren der gleichen Art, die lose oder fest zusammenleben
die Tonne (Z. 13): Maßeinheit, 1 Tonne = 1000 Kilogramm
der Palmwedel (Z. 13–14): Blatt des Palmenbaumes
die Elefantenkuh (Z. 15): weiblicher Elefant
die Mine (Z. 16): Sprengkörper
der Bulle (Z. 20): (in diesem Fall) männlicher Elefant
die Waise (Z. 27): elternloses Kind oder Tier

Seite 26

4 a) und b)
Frage: Wer kommt in das Waisenhaus? (Abschnitt 1)
Antwort: Elefantenwaisen
Frage: Wer kümmert sich um die Tiere? (Abschnitt 3)
Antwort: 12 Mahouts
Frage: Wo steht das Waisenhaus? (Abschnitt 1)
Antwort: in Pinnawela, einem Ort auf Sri Lanka
Frage: Was fressen die Elefanten? (Abschnitt 3)
Antwort: Palmenstämme, Blätter und Palmwedel
Frage: Warum können die Elefanten nie wieder in die Freiheit zurück? (Abschnitt 6)
Antwort: Sie haben sich so sehr an die Menschen gewöhnt, dass sie weiterhin die Nähe der Menschen suchen würden. Dies wäre nicht ungefährlich.
Frage: Wie viele Elefanten sind im Waisenhaus? (Abschnitt 2)
Antwort: über 50 Tiere

5 a) Elefanten, Waisenhaus, Sri Lanka

b) und c) Ich finde, dass im Beispiel 1 nicht sinnvoll unterstrichen ist, da hier viel zu viel unterstrichen und markiert wurde. Es fällt schwer, zwischen Wichtigem und Unwichtigem zu unterscheiden. Nicht alle markierten Wörter sind wichtig für das Verstehen des Textes.

Im Beispiel 2 finde ich sinnvolle Markierungen, weil hier nur die wichtigsten Dinge markiert und unterstrichen sind und so ein schneller Überblick möglich ist.

d) Immer wieder werden welche getötet – z. B. von Bauern, wenn sich die hungrigen Tiere durch ihre Felder fressen. Die Elefantenwaisen, die noch auf die Muttermilch angewiesen sind, haben keine Überlebenschance, wenn sie plötzlich ganz alleine sind.
Über 50 Tiere werden im Waisenhaus gepflegt, gefüttert und zum Baden geführt. Zum Fluss ist es nur einen halben Kilometer weit, der Weg geht mitten durch das Dorf. Aber Tiere wie Menschen haben sich schon daran gewöhnt, dass hier jeden Tag mehrmals eine Herde aus großen und kleinen Tieren entlanggeführt wird. An der Hauptstraße stehen sogar Warnschilder. Rund um die Uhr kümmern sich 12 Mahouts, also Elefantenführer, um die Tiere. Wichtigste und anstrengendste Arbeit ist das Heranschaffen und Verteilen von Futter. Die Tiere fressen fast die ganze Nacht lang, die erwachsenen Elefanten schlafen nur wenige Stunden. Jeden Tag verfüttert das Waisenhaus fünf Tonnen Palmenstämme und vier Tonnen Blätter und Palmwedel an die Tiere. Die Elefantenbabys bekommen zusätzlich noch Milch.
Ins Waisenhaus in Pinnawela kommen nicht nur Tiere ohne Mutter unter. Eine Elefantenkuh wurde aufgenommen, nachdem sie den rechten Vorderfuß verloren hatte. Sie war auf eine Mine getreten, die explodierte. Die Herde musste sie zurücklassen. Dann haben Soldaten das verletzte Tier gefunden und zu Tierärzten gebracht, danach kam sie nach Pinnawela.
Ein anderes Tier war als Arbeitselefant jahrelang schlecht behandelt worden. Nachdem er sich befreien konnte, hat der Bulle 13 Menschen getötet. Durch die sorgsame Pflege im Waisenhaus ist er wieder friedlich geworden – und trägt jetzt das Futter für die anderen Tiere heran.
In die Freiheit können die Elefanten aus Pinnawela nie mehr zurück. Sie haben sich so sehr an Menschen gewöhnt, dass sie wieder in ihre Nähe gehen würden. Das ist gefährlich für Menschen und Tiere.
Aber offensichtlich geht es den grauen Riesentieren in ihrem „Pflegeheim" recht gut: Elefanten sind so feinfühlig, dass sie in Zoos so gut wie nie Nachwuchs bekommen. In Pinnawela sind die Pfleger stolz darauf, dass die ersten Waisen selbst wieder Kinder bekommen haben.

Seite 27

6 a) und b)

Abschnitt 1: Weltweit einziges Waisenhaus für Elefanten
Abschnitt 2: Menschen und Elefanten friedlich zusammen
Abschnitt 3: Tonnenweise Futter jeden Tag
Abschnitt 4: Waisenhaus in Pinnawela – nicht nur für Elefanten ohne Eltern
Abschnitt 5: Verwandlung durch sorgsame Pflege
Abschnitt 6: Nie wieder Freiheit

7 Der Autor möchte den Leser darüber informieren, dass es im Ort Pinnawela auf der Insel Sri Lanka das weltweit einzige „Waisenhaus" für Elefanten gibt.

8 a) Der Text wurde zur *Information* geschrieben. Der Text ist *in einer Zeitung oder Zeitschrift* abgedruckt.

b) *So könnte deine Lösung lauten:*
Dieser sachlich informative Text besteht aus zu viel Text für ein Comicbuch und passt thematisch nicht in eine Jugendzeitschrift, da sich diese eher mit Star-Storys, Hilfe bei Problemen und Musik- und Kinoneuigkeiten beschäftigt.

Seite 29

1 b) In dem Text geht es um Geister in Taiwan.

2 ○ der Weihrauch (Z. 8–9): Ein Harz, das von Weihrauchbäumen gewonnen wird und bei Verbrennen einen typischen Geruch abgibt. Es wird auch in der katholischen Kirche verwendet.
○ der Spuk (Z. 50): die Bezeichnung für eine nicht erklärbare unheimliche Erscheinung
○ die Jenseitswährung (Z. 11): Der Begriff *Jenseits* meint einen übernatürlichen Bereich, den man nach dem Tode betritt. *Währung* meint ein Zahlungsmittel wie unseren Euro.

Seite 30

3 Wann ist der Geistermonat in Taiwan? (Abschnitt 4)
Was passiert während des Geistermonats? (Abschnitt 1, 3, 4)
Was tun die Taiwaner mit ihrem Geld während des Geistermonats? (Abschnitt 1, 2, 4)
Wo gibt es den Geistermonat? (Abschnitt 1)
Wer kommt aus der Unterwelt? (Abschnitt 4)
Wer verbrennt Geld während des Geistermonats? (Abschnitt 1)
Warum trauen sich die Taiwaner während des Geistermonats abends nicht mehr raus? (Abschnitt 5)

4 a) und b)
Beispiel 1: Das Beispiel 1 finde ich sinnvoll markiert, weil hier nur die wichtigsten Dinge markiert und unterstrichen sind und ein schneller Überblick möglich ist.
Beispiel 2: Ich finde, dass im Beispiel 2 nicht sinnvoll unterstrichen ist, da hier viel zu viel unterstrichen und markiert wurde. Es fällt schwer, zwischen Wichtigem und Unwichtigem zu unterscheiden. Nicht alle markierten Wörter sind wichtig für das Verstehen des Textes.

Seite 31

5 a) und b)

Abschnitt 1 Z. 1–4	Der Geistermonat - Besuch von verstorbenen Verwandten
Abschnitt 2 Z. 5–12	Geistergeld zur Besänftigung der Geister der verstorbenen Verwandten
Abschnitt 3 Z. 13–31	Die zwei Aufgaben des Verbrennens von Geistergeld
Abschnitt 4 Z. 32–46	*So könnte deine Lösung lauten:* Sich im Geistermonat nur selten vor die Tür trauen
Abschnitt 5 Z. 47–50	*So könnte deine Lösung lauten:* Die Tore zum Jenseits öffnen sich für einen Monat

6 a) Der Text wurde von Jens Wiesner geschrieben, um andere Menschen über den Brauch in Taiwan, während eines bestimmten Monats Geldscheinbündel zu verbrennen, zu informieren.

b) Der in sachlicher Sprache geschriebene Text enthält weder eine Aufforderung noch lustige Elemente. Daher handelt es sich um einen informierenden Text.

Auswertung der Testergebnisse

35–30 Punkte
Im Erschließen von Sachtexten bist du schon ziemlich sicher. Bearbeite die Übungen auf S. 36 ff., damit sich dein Wissen und Können festigt.

30–20 Punkte
Das war schon ganz gut. Lies die Merkkästen zum Erschließen von Sachtexten noch einmal aufmerksam durch. Bearbeite anschließend die Übungen auf S. 32 ff.. Wenn sie dir keine Schwierigkeiten bereiten, kannst du auf S. 36 ff. weiterüben.

19–0 Punkte
Du musst das Erschließen von Sachtexten noch trainieren. Überprüfe, in welchen Bereichen du noch Fehler machst. Sieh dir die entsprechenden Bereiche des Kapitels noch einmal genau an. Bearbeite anschließend die Übungen auf S. 32 ff.

Seite 32

1 a) In dem Text geht es um den Gesundheitswert von Gummibärchen.

b) *So könnte deine Lösung lauten:*
Ich erwarte vom Text, dass er die Frage beantwortet, ob und in welchem Maße Gummibärchen gesund sind.

Seite 33

2 b) und c) *So könnte deine Lösung lauten:*

Begriff	Z.	Bedeutung
das Eiweiß	10	lebenswichtiger Bestandteil von menschlichen, tierischen und pflanzlichen Zellen
die Gelatine	11	Eiweiß, das vom Schwein oder Rind stammt
die Kinder-Uni	14	Unterricht für Kinder an einer Hochschule
der Diabetes	17	Krankheit des Stoffwechsels im Körper durch Überzuckerung des Blutes
die Vitamine	18	benötigt der Körper, um lebenswichtige Funktionen ausführen zu können, muss mit der Nahrung aufgenommen werden, da sie der Körper nicht selbst herstellen kann
die Ballaststoffe	19	werden, um sie zu verdauen, vom Körper in Fett umgewandelt, binden Gifte im Körper

3

W-Frage	Im Text beantwortet?	Antwort im Text	Abschnitt
Was fehlt dem Gehirn ohne Frühstück?	ja	Zucker	1
Was ist in Schokolade außer dem Zucker noch enthalten?	ja	Dickmacher Fett	1
Wie werden Gummibärchen hergestellt?	nein		
Wie heißt das besondere Eiweiß, das in Gummibärchen enthalten ist?	ja	Gelatine	1
Wer erklärt in dem Text, dass Gummibärchen trotzdem kein optimales Nahrungsmittel sind?	ja	Professor Konrad Beyreuther	2
Wie viele Gummibärchen enthalten so viel Zucker wie in einem Stück Würfelzucker enthalten ist?	ja	ungefähr drei Gummibärchen	2
An welcher Krankheit leiden auch schon immer mehr Kinder?	ja	Zuckerkrankheit/ Diabetes	2
Warum ist zu viel Zucker schlecht?	ja	er macht dick und ruiniert die Zähne	2
Was ist in Obst und Gemüse enthalten, was in Gummibärchen nicht drin ist?	ja	Vitamine und Ballaststoffe	2

Seite 34

4 a) Gummibärchen, Zucker

b)

Checkliste: Schlüsselwörter markieren	Variante 1		Variante 2	
	Ja	Nein	Ja	Nein
Sind die wichtigen Schlüsselwörter markiert?	✓			✓
Sind die wichtigen Zusatzinformationen zu den Schlüsselwörtern unterstrichen?	✓		✓	
Wurde nur das Wichtige markiert und unterstrichen?	✓			✓
Wurde mit unterschiedlichen Markierungstechniken gearbeitet? Markierung, Unterstreichung ...	✓		✓	

c)
Variante 1: Das Beispiel 1 finde ich sinnvoll markiert, weil hier nur die wichtigsten Dinge markiert und unterstrichen sind und ein schneller Überblick möglich ist.
Variante 2: Ich finde, dass im Beispiel 2 nicht sinnvoll unterstrichen ist, da hier viel zu viel unterstrichen und markiert wurde. Es fällt schwer, zwischen Wichtigem und Unwichtigem zu unterscheiden. Nicht alle markierten Wörter sind wichtig für das Verstehen des Textes.

d) Also sind die leckeren Gummibärchen genau das Richtige. In den knuffig-kleinen Süßigkeiten steckt nämlich nicht nur der Energiespender Zucker, sondern auch ein ganz besonderes Eiweiß, die Gelatine.

Seite 35

5 a) Abschnitt 1: Gummibärchen als Frühstücksersatz? Abschnitt 2: Zuckerfalle Gummibärchen

b) Abschnitt 1: 1, 3, 4; Abschnitt 2: 2, 5

6

Welche der folgenden Aussagen geben den Inhalt des Textes richtig wieder? Kreuze an.	Richtig	Falsch
Schokolade und Gummibärchen liefern Zucker und sind ein idealer Frühstücksersatz.		×
Zu viel Zucker erhöht das Risiko für Diabetes, ist nicht gut für die Zähne und nicht gut für die Figur.	×	
Gummibärchen enthalten den wichtigen Energielieferanten Zucker und wertvolles Eiweiß in Form von Gelatine und sind sehr gesund.		×
Gummibärchen enthalten zwar das wichtige Eiweiß Gelatine, aber auch viel Zucker, daher sind sie als Frühstücksersatz nicht geeignet.	×	
Wichtige Vitamine und Ballaststoffe bekommt man am besten aus Obst, Gemüse und Vollkornprodukten.	×	

Seite 37

1 Die Herstellung von Gummibärchen

3 c)

Begriff	Z.	Bedeutung
die Spezies	5	Art
elastische	6	gummiartig
der Glukosesirup	9	eingedickte Lösung aus Traubenzucker (Glukose) und Fruchtzucker (Fruktose)
die Gelatine	9	Eiweiß, das vom Schwein oder Rind stammt
die Stärke	10	Kohlenhydrat, das aus Pflanzen gewonnen wird
die Negativform	14	gestempelte Form
geliert	26	ausgehärtet, fest geworden

4 *So könnte deine Lösung lauten:*
Frage: Woraus bestehen Gummibärchen?
Antwort: Gummibärchen bestehen aus: Glukosesirup, Zucker, Wasser, Gelatine, Fruchtsäuren, Farb- und Aromastoffen und Stärke.
Frage: Warum heißen sie Fruchtgummis?
Antwort: Gummibärchen werden auch Fruchtgummis genannt, weil sie gummiartige, elastische Kaueigenschaften haben und meist fruchtig schmecken.
Frage: Wie werden Gummibärchen hergestellt?
Antwort: Gummibärchen werden maschinell hergestellt, indem eine Gießmasse in eine Negativform gegossen und getrocknet wird.
Frage: Wie viele Gummibärchen werden in Deutschland in einem Jahr verzehrt?
Antwort: In einem Jahr werden an die 200.000 Tonnen Gummibärchen gegessen.

Seite 38

5 a) Herstellung, Gummibärchen

b) *So könnte deine Lösung lauten:*
Fruchtgummis (Z.5), Negativform (Z. 14), Gießmasse (Z. 14), maschinell (Z. 21), Stempelbrett (Z. 22), transportiert (Z. 22), Trockenraum (Z. 25), geliert (Z. 26), zusammenkleben (Z. 29)

6 a) in sechs Abschnitte

b) *So könnte deine Lösung lauten:*

Abschnitt	Z.	Überschrift
1	1–4	Einleitung
2	5–10	Beschreibung des Gummibärchens
3	11–16	Herstellungsvorgang
4	17–20	Herstellung in Massen
5	21–32	Alles maschinell
6	33–36	Schluss

Seite 39

7

	Richtig	Falsch
In dem Text wird erklärt, warum Gummibärchen zur Spezies der Fruchtgummis gehören.	×	
In dem Text wird erklärt, dass Fruchtgummis etwas anderes sind als Gummibärchen.		×
Der Text berichtet allgemein über die Herstellung von Süßigkeiten wie Gummibärchen, Lebkuchen und Schokolade.		×
Der Text berichtet über die Herstellung von Gummibärchen.	×	
Bei der Herstellung von Gummibärchen wird mit einem Stempel gearbeitet, in den die Masse noch heute von Hand eingefüllt wird.		×
Die Herstellung von Gummibärchen erfolgt heute maschinell mit Hilfe einer Platte mit 700–800 Stempeln.	×	

8 a) Der Autor dieses Textes möchte über etwas informieren, sodass der Leser etwas Neues lernt.

b) *So könnte deine Lösung lauten:*
Der Text beschreibt den Sachverhalt der Gummibärchenherstellung auf informierende Art und Weise. Der Autor möchte die Wirklichkeit abbilden und keine spannende oder lustige Geschichte erzählen.

Seite 40

1 Das Diagramm informiert über das Klima Berlins anhand von Sonnenstunden pro Monat.

2 Es handelt sich um ein Säulendiagramm.

Seite 41

3 Die x-Achse stellt die Monate des Jahres von Januar bis Dezember dar. Die y-Achse ist in Abschnitte von 0–9 gegliedert.

4 Die Legende gibt an, dass die Sonnenstunden pro Tag gezählt werden.

5 a) höchster Wert: 8 (Juni),
niedrigster Wert: 1 (Dezember)

b) Lösungswort: super

c) *So könnte deine Lösung lauten:*
Im Mai, Juli und August scheint die Sonne gleich lange.
Am meisten scheint die Sonne im Juni.

Seite 42

6 *So könnte deine Lösung lauten:*
In dem Diagramm „Klima in Berlin" fällt mir besonders auf, dass es einen starken Abfall der Sonnenstunden zwischen September und Oktober gibt.
Bemerkenswert finde ich, dass die Sonne in drei Monaten des Jahres gleich lange scheint.
Ich hätte nicht erwartet, dass zwischen Oktober und Januar die Sonne so wenig scheint.

7 *So könnte deine Lösung lauten:*
Betreiber von Freibädern könnten Interesse an dem Diagramm haben, um zu ermitteln, wann es sinnvoll ist, das Freibad zu öffnen und zu schließen. Denn die Menschen gehen in der Regel nur in ein Freibad, wenn die Sonne scheint.
Besitzer von Biergärten und Eisdielen könnten Interesse an dem Diagramm haben, um zu ermitteln, wann es sinnvoll ist, den Biergarten oder die Eisdiele zu öffnen und zu schließen. Wichtig könnten die Daten auch für die Umsatzberechnung sein. Denn in der Regel sitzt man bei Sonnenschein im Biergarten oder isst Eis.

Schulklassen könnten das Diagramm verwenden, um den besten Zeitpunkt für einen Ausflug ins Freibad zu ermitteln oder den Zusammenhang von Leistungsfähigkeit und Sonnenstrahlung zu untersuchen.
Betreiber von Sonnenstudios könnten das Diagramm verwenden, um ihre Werbung auf die jeweilige Jahreszeit abzustimmen. Zum Beispiel könnten sie hervorheben, dass man seine Haut im Sommer durch Vorbräunung vor Hautschäden schützen kann und dass eine UV-Bestrahlung im Winter vor Lichtmangel und damit verbundenen Stimmungstiefs schützt.

Seite 43

1 Das Diagramm stellt die Lesegewohnheiten von Jugendlichen im Jahr 2009 dar.

2 Es handelt sich um ein Kreisdiagramm.

Seite 44

3 a) Die Jugendlichen sind zwischen 12 und 19 Jahre alt. Die Angaben stehen in der Quellenangabe.

b) Die Angaben werden in Prozenten gemacht. Das bedeutet, der Anteil von 100 wird ins Verhältnis gesetzt.

c) In der Legende neben dem Diagramm wird erklärt, in welche Kategorien das Diagramm geteilt ist und welche Farben diesen zugeordnet sind.

d) In dem *Kreisdiagramm* mit der Überschrift *Lesegewohnheiten von Jugendlichen im Jahr 2009* sind vier unterschiedliche Kreissegmente zu erkennen. Sie unterscheiden sich in ihrer *Farbgebung* und *Größe*. Alle Werte sind in *Prozenten* angegeben. In der *Legende*, die neben dem Diagramm angeordnet ist, sind die Farben erklärt. Die Farbe Grün bedeutet beispielsweise, *dass einmal im Monat oder seltener gelesen wird*. Zusätzliche Informationen enthält der Quellenverweis. Hier erfährt man z. B., *von wem und in welchem Jahr die Studie erstellt wurde und wer dafür befragt wurde*.

Seite 45

4 a) Der höchste Wert im Diagramm lautet 40 %.

b) Der Anteil an Jugendlichen, die täglich oder mehrmals die Woche lesen ist höher als der Anteil Jugendlicher, die einmal wöchentlich lesen.

c) Der niedrigste Wert ist 17 %.

d) Die meisten der befragten Jugendlichen lesen täglich oder mehrmals pro Woche.

5 *So könnte deine Lösung lauten:*

a) Ich würde mich in die Gruppe der täglichen Leser einordnen.

b) Ich hätte den Anteil der „Nie-Leser" sogar höher eingeschätzt, da die modernen Medien mit ihrer Möglichkeit des schnellen Informationsflusses das „Althergebrachte" verdrängen.

c) Wurde das eher unbewusste Lesen im Alltag (z. B. Werbeplakate, Straßenschilder) im Diagramm auch berücksichtigt?

Seite 46

1 a) Das Diagramm informiert über die beliebtesten Dinge, für die Kinder sparen.

b) Beliebte Sparanlässe von Kindern im Alter von 6 bis 13 Jahren

2 unterschiedliche Farben, Balken, x-Achse, Zahlen/Werte, Überschrift, Legende, y-Achse, Beschriftungen

Seite 47

3 In dem Balkendiagramm mit der Überschrift „Wofür sparen Kinder?" sind fünf unterschiedliche Balken dargestellt. Auf der y-Achse sind Gegenstände angegeben, für welche Kinder sparen. Auf der x-Achse können %-Werte abgelesen werden. Die x-Achse trägt die Achsenbeschriftung: Anteil der befragten Kinder.

4 a)
Der höchste Wert: 14 % (Handy)
Der niedrigste Wert: 12 % (Fahrrad, Computerspiele)
Werte, die sich nur geringfügig unterscheiden: Handy und Spielwaren/PC-Zubehör
Werte, die gleich sind: Fahrrad und Computerspiele sowie Spielwaren und PC-Zubehör

b)
Wer wurde befragt? Kinder
Was wurde abgefragt? Sparverhalten
Welche Angaben enthält die y-Achse? Dinge für die gespart wird
Welche Angaben enthält die x-Achse? prozentualer Anteil der befragten Kinder

c)
richtig: An der Befragung nahmen Kinder im Alter zwischen 6 und 13 Jahren teil.
falsch: Der höchste angegebene Wert lautet 13 % für Handys.
richtig: 12 % der befragten Kinder sparen für ein Fahrrad.

Seite 48

5 a)
richtig:
Computerspiele und Fahrräder sind gleichermaßen beliebt.
Es sparen genau so viele Kinder für PC-Zubehör wie für andere Spielwaren.
Handys stehen auf der Wunschliste bei Kindern ganz oben.
falsch: Für PC-Zubehör wird häufiger gespart als für Handys.

b) Handys bieten im Vergleich zu Computerspielen einen größeren Anreiz zum Sparen. Fahrräder sind weniger beliebt als Handys.

6 a) Kinder sparen lieber für Handys als für Spielwaren und Fahrräder.

b) Die Informationen des Diagramms sind interessant für
Verkäufer von Handys, PC Zubehör usw. - Grund: Werbung
Banken und Sparkassen - Grund: Werbung
Eltern - Grund: Geschenke auswählen

Auswertung der Testergebnisse

35–30 Punkte
Im Erschließen von Diagrammen bist du schon ziemlich sicher. Bearbeite die Übungen auf S. 52 ff., damit sich dein Wissen und Können festigt.

30–20 Punkte
Das war schon ganz gut. Lies die Merkkästen zum Erschließen von Diagrammen noch einmal aufmerksam durch. Bearbeite anschließend die Übungen auf S. 49 ff.. Wenn sie dir keine Schwierigkeiten bereiten, kannst du auf S. 52 ff. weiterüben.

19–0 Punkte
Du musst das Erschließen von Diagrammen noch trainieren. Überprüfe, in welchen Bereichen du noch Fehler machst. Sieh dir die entsprechenden Bereiche des Kapitels noch einmal genau an. Bearbeite anschließend die Übungen auf S. 49 ff.

Seite 49

1 a) Das Diagramm informiert über den Verzehr von Schokoladenprodukten bei Jungen und Mädchen im Alter von 12–17 Jahren gemessen in Gramm pro Tag.

b) Das Diagramm informiert über den Schokoladenverzehr von Jugendlichen.

c) Das Diagramm stellt den Verzehr von Schokoladenprodukten in Gramm pro Tag bei männlichen und weiblichen Jugendlichen dar.

2 Es handelt sich um ein Balkendiagramm.

Seite 50

3 Das Diagramm mit der Überschrift „Verzehr von Schokoladenprodukten" ist ein *Balkendiagramm*. Die *x-Achse* enthält eine Werteskala von 0–20. Hier liest man die Menge der *verzehrten Schokolade* in *Gramm pro Tag* ab. Die y-Achse macht Angaben zum *Alter*. Die blauen Balken symbolisieren die ermittelten Werte für *Jungen*. Die roten Balken zeigen die Werte für *Mädchen* an.

4 Was wird miteinander verglichen? der Schokoladenverzehr von Mädchen und Jungen
Wie lautet der niedrigste Wert? 10,9 Gramm täglich
Wie lautet der höchste Wert? 17,1 Gramm pro Tag
Welche Altersgruppen werden genannt?
12–13 Jahre, 14–15 Jahre, 16–17 Jahre

Seite 51

5

			M						
	W		E						
S	E	C	H	S					
	N		R						
	I				J				
	G				U				
	E				N				
D	R	E	I		G	R	A	M	M
					E				
					N				

7 *So könnte deine Lösung lauten:*
Die Informationen sind interessant für Kinderärzte, weil sie die Ernährungsberatung von Jugendlichen mit Gewichtsproblemen besser abstimmen könnten.
Die Informationen sind interessant für Ernährungsberater, weil sie auf der Suche nach Ursachen für Krankheiten bei Jugendlichen Informationen zum Thema „Schokoladenverzehr" bekommen.
Die Informationen sind interessant für Eltern, weil sie wertvolle Anhaltspunkte auf der Suche nach möglichen Gründen für die Gewichtsprobleme ihrer Kinder finden.

Seite 52

1 Das Diagramm informiert über den Verzehr von Schokoladenprodukten bei Jugendlichen.

2 Es handelt sich um ein Kreisdiagramm.

3 Das Kreisdiagramm stellt den Verzehr von Schokoladenprodukten gemessen in Gramm pro Tag bei Jungen und Mädchen im Alter von 12–17 Jahren dar. Die Legende unterteilt drei Altersgruppen: die 12- bis 13-jährigen in Gelb, die 14- bis 15-jährigen in Rot und die 16- bis 17-jährigen in Grün. Das Diagramm schlüsselt die Ergebnisse für Jungen und Mädchen getrennt auf.

Seite 53

4 a) Jungen im Alter von 16–17 Jahren verzehren die meiste Schokolade mit 17,1 Gramm am Tag. Mädchen essen in der Regel weniger Schokolade als Jungen. Bei ihnen liegt der Höchstwert bei 13,3 Gramm pro Tag bei den 14- bis 15-Jährigen.
Die wenigste Schokolade nehmen die Jüngsten zu sich. So sind es 10,9 Gramm am Tag bei Mädchen zwischen 12 und 13 Jahren und 14,3 Gramm pro Tag bei Jungen zwischen 12 und 13 Jahren.

b) So könnte deine Antwort lauten:
Jungen verzehren in den angegeben Lebensaltern mehr Schokolade als Mädchen. Die Jüngsten essen am wenigsten Schokolade. Jungen zwischen 16 und 17 Jahren essen die meiste Schokolade. Bei den Mädchen ist es die Altersgruppe zwischen 14 und 15 Jahren, die die meiste Schokolade vertilgt.

5 a) So könnte deine Antwort lauten:
Rein optisch betrachtet, legt das Diagramm nahe, Mädchen würden generell mehr Schokolade pro Tag zu sich nehmen als Jungen. Dieser Eindruck entsteht, weil der äußere Ring vom Umfang her größer ist als der innere. Erst bei genauem Hinsehen erkennt man aber, dass der äußere Ring niedrigere Werte aufweist als der innere. Daher ist es wichtig, statistische Diagramme genauestens zu studieren, um solche Fehlschlüsse zu vermeiden.

c) So könnte deine Antwort lauten:
Die Informationen des Diagramms könnten nützlich für Hautärzte sein, um den Zusammenhang von Hautunreinheiten und Schokoladenverzehr zu untersuchen.
Einem Ernährungsberater könnten die Daten helfen, den Zusammenhang zwischen Übergewicht bei Jugendlichen und deren Essverhalten zu erkennen.

Seite 55

1 Vermutlich handelt es sich um eine Fabel.

b) *So könnte deine Lösung lauten:*

Löwe	Wolf	Fuchs
stolz	schlau	clever
mächtig	böse	hinterhältig
stark	gefährlich	listig

c) *So könnte deine Lösung lauten:*
Ich vermute, in der Fabel *„Der Löwe, Wolf und Fuchs"* von Äsop, geht es um Rivalitäten und eine List.

2 b) Die Fabel handelt von einem Machtkampf zwischen Wolf und Fuchs, die beide um ihren Einfluss beim König, dem Löwen, kämpfen.

Seite 56

3 a) verleumdet (Z. 6): über jemanden verletzende Behauptungen aufstellen, mit dem Wissen, dass sie unwahr sind
Kunde erhalten (Z. 10): eine Nachricht erhalten / wird zugetragen

4 Wo spielt die Fabel? Die Handlung der Fabel spielt in der Höhle des Löwen (Z. 1).
Wann spielt die Fabel? Die Handlung ereignet sich, als der Löwe krank ist (Z. 1).
Welche Eigenschaften haben die Tiere?
Der Löwe wird als alt (Z. 1), krank (Z. 1), großmütig (Z. 9) und zornig (Z. 6) beschrieben.
Der Wolf erscheint missgünstig (Z. 2).
Der Fuchs ist listig (Z. 7). Er stellt sich selbst als demütig (Z. 8), unermüdlich (Z. 11), einfallsreich (Z. 12) und besorgt (Z. 10) dar.
Wovon handelt die Fabel? Die Fabel handelt von einem Machtkampf zwischen Wolf und Fuchs, die beide versuchen, die Gunst des Königs zu gewinnen.
Welche Absicht verfolgt die Fabel? Die Fabel möchte folgende Lehre vermitteln: Wer andern eine Grube gräbt, fällt selbst hinein.

5 Ein alter Löwe lag krank in seiner Höhle; alle Tiere besuchten ihn; nur der Fuchs zögerte.
Der Wolf ergriff diese erwünschte Gelegenheit, seinem Todfeind zu schaden, und brachte die harte Klage gegen ihn vor: Es sei Stolz und Verachtung, dass er seinem Herrn und König nicht den schuldigen Besuch mache.
Wie der Wolf noch so sprach, kam gerade der Fuchs dazu und vernahm aus dem Schluss der Rede, dass er verleumdet worden sei. Kaum sah er den Zorn des Löwen, als er auch schon schnell eine List bei der Hand hatte, sich zu verteidigen.
Demütig bat er den Löwen um die Erlaubnis, reden zu dürfen, und als er sie mit Mühe erhalten hatte, sprach er: „Gibt es wohl ein Tier, das mehr um das Leben unseres großmütigen Königs besorgt wäre als ich? Kaum hatte ich Kunde von Eurer Krankheit erhalten, als ich auch schon unermüdlich nach einem Mittel suchte, Eure Gesundheit herzustellen. Glücklich habe ich es vor einer Stunde gefunden."
Bei dieser Rede legte sich der Zorn des Löwen und er fragte schnell, was das für ein Mittel sei. „Hülle deinen Bauch und deine Rippen", sagte der Fuchs, „in eine frisch abgezogene, noch warme Wolfshaut, so bist du wiederhergestellt."
Erfreut ließ der Löwe dem Wolf lebendig die Haut abziehen. Dies Geschäft besorgte der Fuchs selbst und raunte dem Wolf zu: „Wie du mir, so ich dir."
Wer anderen eine Grube gräbt, fällt selbst hinein.

6 a) und b) *So könnte deine Lösung lauten:*
Abschnitt 2: Die List
Der Fuchs bemerkt, dass der Wolf schlecht über ihn gesprochen hat. Er kommt auf die Idee, den König gnädig zu stimmen und sich gleichzeitig des Wolfes zu entledigen.
Abschnitt 3: Die Wolfshaut
Demütig wendet er sich an den König mit der Behauptung, ein Heilmittel für diesen in Form einer frisch abgezogenen Wolfshaut gefunden zu haben.
Abschnitt 4: Die Moral
Der Fuchs rächt sich am Wolf und zieht ihm die Haut ab.

Seite 57

7 Ausgangssituation: Der Fuchs zögert seinen Krankenbesuch hinaus.
Auslöser der Handlung: Der Wolf macht den Fuchs schlecht.

Reaktion des Betroffenen: Der Fuchs überlegt sich eine List.
Ergebnis der Handlung: Der Wolf wird bestraft.

8 a) und b)
Im Text handelt es sich um einen Er-/Sie-Erzähler, da er aus einer äußeren Perspektive erzählt wird, ohne dass ein „Ich" im Text genannt wird.

9 „Wer andern eine Grube gräbt, fällt selbst hinein." - Der Schaden, den man anderen zufügt, fällt oftmals auf einen selbst zurück.

Seite 60

1 a) Erzählung

b) So könnte deine Antwort lauten:
In der Geschichte geht es vermutlich um einen Jungen, der von einer Schildkröte träumt.

2 b) „Das Traumnest" erzählt von einem Jungen, der einer Schildkröte einen Traum anvertraut.

Seite 61

3 b)
Sie werden ihm den Weg weisen (Z. 66–67). - Sie werden ihm den Weg zeigen.
Das Wort einer großen alten Schildkröte wiegt eine Menge (Z. 73–74). - Man kann sich auf ein Versprechen der Schildkröte verlassen.
Die Wellen waren beinahe eingeschlafen (Z. 77). - Es ist kaum ein Wellengang zu hören und zu sehen.

4 Im Text handelt es sich um einen E-/Sie-Erzähler, da er aus einer äußeren Perspektive erzählt wird, ohne dass ein „Ich" im Text genannt wird.

5

Die Geschichte spielt an einem einsamen Strand. (1)	Wer? (4)	(1) Handlungsort
Daniel begegnet der Schildkröte Thea. (4)	Was? (5)	(2) Zeit des Geschehens
Thea ist zu alt, um ihr Nest selbst zu graben. (3)	Wann? (2)	(3) Grund der Handlung
Es ist früh am Abend. (2)	Wo? (1)	(4) beteiligte Personen/ Figuren
Daniel gräbt für Thea ein Nest. (5)	Warum? (3)	(5) Ablauf des Geschehens

Seite 62

6 a) So könnte deine Antwort lauten:
1. Abschnitt (Z. 1–12): Der kleine Daniel ist mit den Eltern in den Sommerferien und darf abends noch einmal an den Strand gehen.
2. Abschnitt (Z. 13–21): Dort begegnet Daniel einer großen, alten Schildkröte.
3. Abschnitt (Z. 22–41): Die erschöpfte Schildkröte Thea bittet Daniel, ihr ein Loch zu graben, damit sie ihre Eier ablegen kann und diese in Sicherheit sind. Daniel hilft ihr.
4. Abschnitt (Z. 42–50): Als Belohnung darf Daniel einen geheimen Wunsch mit in das Loch werfen.
5. Abschnitt (Z. 51–55): Daniel macht das Loch zu und verwischt die Spuren.
6. Abschnitt (Z. 56–74): Die Schildkröte versichert Daniel, dass sein Traum zusammen mit ihren Kindern in dem Loch wachsen wird und eines Tages, wenn er erwachsen ist, in Erfüllung gehen wird.
7. Abschnitt (Z. 75–80): Thea taucht unter und Daniel läuft in der Abendstimmung nach Hause.

b) Schildkröte

8 a) Die Autorin möchte die Fantasie der Leser ansprechen. Die Autorin möchte die Leser dazu ermutigen, an ihre Träume zu glauben.

b) *So könnte deine Lösung lauten:*
Es handelt sich um eine fantasievolle Erzählung. Es geht um eine sprechende Schildkröte, um Geheimnisse und Träume, die es zu bewahren gilt. Die Träume der Kindheit sollen auch im Erwachsenenalter nicht vergessen werden.

Seite 64

1 b) und c) Es handelt sich um eine *Fabel*, da es ein kurzer Text ist, die Tiere und Dinge in der Fabel menschliche Eigenschaften besitzen und so etwas wie eine Moral vermittelt wird.

2 a)
Figuren: Wer?
Handlungsort: Wo?
Handlungszeit: Wann?
Handlung: Was?
Absicht der Handlung: Warum?

b)
Wo spielt die Handlung? im Schweinestall
Wer sind die Figuren? eine Sau und ein Stroh
Was passiert? Das Stroh schlägt den Menschen vor, die Ausdrücke „saudumm“ und „strohdumm“ in „steindumm“ umzubenennen.
Warum macht das Stroh diesen Vorschlag? Das Stroh möchte etwas gegen die Beleidigung durch die Menschen unternehmen.

Seite 65

3 Abschnitt 1 (Z. 1–5): Ein Stroh auf Besuch im Schweinestall
Abschnitt 2 (Z. 6–14): Der Vorschlag
Abschnitt 3 (Z. 15–18): Die ablehnende Reaktion der Sau
Abschnitt 4 (Z. 19–22): Der Alleingang des Strohs und sein Tod
Abschnitt 5 (Z. 23–24): Die Schlussfolgerung der Sau

4 Die Geschichte wird von einem Er-/Sie-Erzähler erzählt, der über dem Geschehen steht.

5 *So könnten deine Lösungen lauten:*

a) Die Sau und das Stroh sind beide dumm, eine Figurenkonstellation, die in der klassischen Fabel normalerweise nicht vorkommt. In der klassischen Fabel stehen sich oft zwei Tiere gegenüber, von denen eins meistens schlau ist und das andere überlistet.

b) Die Handlung dieser Fabel macht sich gewissermaßen über „normale Fabeln“ lustig, denn erstens geschieht in dieser Fabel nicht viel und zweitens geschehen die Dinge nicht aus einem bestimmten logischen Grund, sondern rein zufällig. Entsprechend wenig ergiebig ist auch die von der Sau ausgesprochene „Moral“: „Das kommt davon, wenn man so strohdumm ist.“

c) Meiner Meinung nach lässt sich aus dieser Fabel keine Lehre ziehen.

Auswertung der Testergebnisse

32–27 Punkte
Im Erschließen von literarischen Texten bist du schon ziemlich sicher. Bearbeite die Übungen auf S. 71 ff., damit sich dein Wissen und Können festigt.

26–18 Punkte
Das war schon ganz gut. Lies die Merkkästen zum Erschließen von literarischen Texten noch einmal aufmerksam durch. Bearbeite anschließend die Übungen auf S. 66 ff.. Wenn sie dir keine Schwierigkeiten bereiten, kannst du auf S. 71 ff. weiterüben.

19–0 Punkte
Du musst das Erschließen von literarischen Texten noch trainieren. Überprüfe, in welchen Bereichen du noch Fehler machst. Sieh dir die entsprechenden Bereiche des Kapitels noch einmal genau an. Bearbeite anschließend die Übungen auf S. 66 ff..

Seite 67

1 b) Es handelt sich vermutlich um ein Märchen, da der Text mit „Es war einmal“ beginnt.

c) In dem Text könnte es um ein Holzfällerpaar gehen, das drei Wünsche frei hat und sie vergeudet.

2 b) *So könnte deine Lösung lauten:*
Ein Holzfäller trifft im Wald auf einen Kobold, als er einen Baum fällen will, den der Kobold bewohnt. Weil der Holzfäller das Zuhause des Kobolds verschont, hat er drei Wünsche frei. Den ersten Wunsch vergeudet seine Frau, indem sie sich aus Appetit Würste wünscht. Dies macht den Holzfäller so wütend, dass er sich die Würste an die Nase seiner Frau wünscht, womit der zweite Wunsch vergeudet ist. Eine Versöhnung des Ehepaares findet durch den dritten Wunsch statt: Die Würste sollen der Frau wieder von der Nase fallen. Am Schluss

haben sie zwar alle Wünsche verwirkt und bleiben arm, sind aber wieder glücklich.

3 c) der Kobold (Z. 4), der Wohlstand (Z. 8–9), die Verblüffung (Z. 12), vergeuden (Z. 17), vergebens (Z. 21), die Wurstkette (Z. 26)

Seite 68

d)

Schwieriges Wort	Erklärung
die Wurstkette	mehrere Würste, die aneinanderhängen
der Wohlstand	der Reichtum
der Kobold	eine kleine Figur im Märchen, die den Menschen oft Streiche spielt
vergebens	ohne Erfolg
vergeuden	verschwenden
die Verblüffung	die Überraschung

4 a), b) und c)

Aspekt	W-Frage	Antwort
Handlungsort	Wo ereignet sich die Geschichte?	in einem kleinen Holzhäuschen mitten in einem großen Wald (Z. 1–2)
Figuren	Welche Personen bzw. Figuren sind beteiligt?	der Holzfäller, seine Frau (Z. 1) und ein Kobold (Z. 4)
Handlungszeit	Wann …	als er einmal gerade eine große Tanne fällen wollte (Z. 2–3), am Abend (Z. 8)
Handlung	Was passiert, als …	siehe Lösung zu Aufgabe 2 b), S. 67
Handlungsab-sicht	Warum …	„Wir werden zwar arm bleiben, aber wieder so glücklich sein wie vorher!“ (Z. 25).

Seite 69

5 a) Abschnitt 1 (Z. 1–7): Begegnung im Wald

b) Eines Tages trifft der Holzfäller im Wald auf einen Kobold, als er einen Baum fällen will, den der Kobold bewohnt. Weil der Holzfäller das Zuhause des Kobolds verschont, hat er drei Wünsche frei.

c) und e) *So könnte deine Lösung lauten:*
Abschnitt 2 (Z. 8–13): 1. Wunsch: Würste
Abschnitt 3 (Z. 14–21): 2. Wunsch: Würste hängen an der Nase
Abschnitt 4 (Z. 23–25): 3. Wunsch: Würste lösen sich von der Nase
Abschnitt 5 (Z. 25–27): Arm aber glücklich

d) Am Abend erzählte er seiner Frau von der Begegnung im Wald. Sie begannen, sich ihren Wohlstand und ihr Glück auszumalen, und ließen es sich mit einer Flasche Wein gut gehen. „Köstlich!", rief die Frau aus und schnalzte mit der Zunge. „Dazu hätte ich jetzt gerne ein paar Würste ...!" Sie unterbrach sich sofort und biss sich auf die Zunge, aber zu spät! Der Holzfäller, der zu seiner Verblüffung die Würste vor sich auf dem Tisch liegen sah, konnte vor Wut nur stammeln: „Was hast du getan! Du hast einen Wunsch vergeudet! O Frau, wie dumm du bist!"
Und mit wachsendem Zorn fuhr er fort: „Diese verdammten Würste! Ich wollte, du hättest sie an der Nase hängen!" Das hätte er nicht sagen dürfen: Bei diesen Worten kam Leben in die Würste, die der Frau an die Nase sprangen und dort hängen blieben. Die Frau war außer sich vor Zorn: „Was hast du nur getan! Du hast einen weiteren Wunsch vergeudet! Du bist ein unglaublicher Dummkopf! Was hätten wir uns alles wünschen können."
Da brach der arme Mann in ein schallendes Gelächter aus: „Wenn du wüsstest, wie lächerlich du aussiehst mit den Würsten, die an deiner Nase hängen!" Mit beiden Händen versuchte nun die Frau, sich die Würste von der Nase zu reißen, aber vergebens. Die Würste blieben, wo sie waren. [...]
Schließlich fand der Mann den Mut für den dritten Wunsch: „Ich will, dass sich die Würste von der Nase meiner Frau lösen!" Sogleich wurde sein Wunsch erfüllt, und Mann und Frau umarmten sich weinend. „Wir werden zwar arm bleiben, aber wieder so glücklich sein wie vorher!" Weil von der wundersamen Begegnung mit dem Kobold nur die Wurstkette übrig geblieben war, fiel ihnen nichts Besseres ein, als sie zu braten und zu essen.

Seite 70

f) Den ersten Wunsch vergeudet seine Frau, indem sie sich aus Appetit Würste wünscht. Dies macht den Holzfäller so wütend, dass er sich die Würste an die Nase seiner Frau wünscht, womit der zweite Wunsch vergeudet ist. Eine Versöhnung des Ehepaars findet durch den dritten Wunsch statt: Die Würste sollen der Frau wieder von der Nase fallen. Am Schluss haben sie zwar alle Wünsche verwirkt und bleiben arm, sind aber wieder glücklich.

6 a) Das Märchen wird erzählt aus der Sicht eines Er-/Sie-Erzählers.

b) Ich, ein Holzfäller, lebte zusammen mit meiner Frau glücklich und zufrieden in einem kleinen Holzhäuschen mitten in einem großen Wald. Als ich einmal gerade eine große Tanne fällen wollte, sah ich plötzlich aus einem der Astlöcher das ängstliche Gesicht eines Kobolds hervorlugen: „Was höre ich da? Du willst doch wohl nicht diesen Baum fällen? Das ist mein Haus, hier lebe ich! [...] Wir wollen es so machen: Du fällst den Baum nicht, und ich erfülle dir dafür drei Wünsche! Bist du einverstanden?" Ich kratzte mich am Kopf: „Drei Wünsche, sagst du? In Ordnung!" Und ich, der Holzfäller, begann, einen anderen Baum zu bearbeiten.

7 Der Appetit ist der Auslöser für die Vergeudung des ersten Wunsches und befördert den Streit der Eheleute.

10 Das Märchen „Die drei Wünsche" lehrt uns, dass Bescheidenheit glücklich macht.

Seite 73

1 b) Es handelt sich vermutlich um ein Märchen, da der Text mit „Es war einmal" beginnt.

c) In dem Märchen könnte es um die Verlockungen des Reichtums gehen.

2 b) In dem Märchen „Der süße Brei" geht es um eine Mutter, die mit ihrer Tochter allein in Armut lebte und die durch einen glücklichen Zufall einen Topf geschenkt bekam, der immerzu süßen Brei kochte, sodass sie dadurch reich wurden.

3 a) und b)

Schwieriges Wort	Erklärung
etliche (Z. 6)	einige
der Gemahl (Z. 20)	Ehemann
die Konserven (Z. 39)	Dies sind Lebensmitteldosen aus Blech (z. B. Weißblech oder verzinktem Stahl), die nach dem Befüllen verschlossen werden und sich nach dem Öffnen nicht wieder verschließen lassen.
die Schikanen (Z. 44)	Dies ist hier gemeint im Sinne von „mit allen Extras und mit viel Zubehör“.
der Nutria, der Breitschwanz (Z. 49)	Dies sind beides Felle von Tieren. Nutria ist eine Biberratte und der Breitschwanz ist ein Fell, das vom Karakulschaf stammt.
ondulieren (Z. 54)	Hiermit ist das künstliche Einbringen von Locken oder Wellen ins Kopf- oder Barthaar gemeint.
pediküren (Z. 54)	Dieses Wort stammt vom lateinischen pes, (Genitiv pedis) = Fuß und meint die Fußpflege. Hierbei werden im Wesentlichen die Zehennägel gekürzt und Hornhaut an den Füßen wird entfernt.
die Operette (Z. 55), das Kabarett (Z. 56)	Dies sind beides Aufführungen auf einer Bühne. Während die Operette (ital., wörtlich: „kleine Oper“) ein musikalisches Bühnenwerk ist, ist das Kabarett eher eine theaterähnliche Aufführung.
Kitzbühl, die Riviera, Alicante (Z. 60)	Dies sind alles bekannte Urlaubsregionen. Kitzbühl ist z. B. ein bekannter Skiort in Österreich, die Riviera ein französisch-italienischer Küstenabschnitt und Alicante ist eine spanische Hafenstadt.

Seite 75

4 Welche Personen bzw. Figuren sind beteiligt?
Was passiert, als das Mädchen in den Wald geht, um Pilze zu suchen?
Was ist das Besondere an dem Topf von der Zauberwaldfee?
Wie lautet der Zauberspruch?
Welche Wünsche haben Mutter und Tochter, nachdem sie durch den Topf nun satt sind?
Warum verkaufen sie schließlich den Brei?
Welche Wünsche erfüllen sie sich, nachdem sie immer reicher geworden sind?
Was geschieht zum Schluss des Märchens?
Warum kann der Topf nicht mehr gestoppt werden?

5 a) – c)

Fragen an den Text	Aspekt	Das steht im Text
Wo spielt die Handlung des Märchens?	Handlungsort	
Wann spielt das Märchen?	Handlungszeit	
Wer ist beteiligt?	Figuren und Eigenschaften	ein Mädchen, seine Mutter (Z. 1), eine Zauberwaldfee (Z. 4), ein Mann (Z. 16), ein schöner dicker Junge (Z. 27)
Was passiert, als das Mädchen in den Wald geht, um Pilze zu suchen? Wie lautet der Zauberspruch? Welche Wünsche haben Mutter und Tochter, nachdem sie durch den Topf nun satt sind? Welche Wünsche erfüllen sie sich, nachdem sie immer reicher geworden sind? Was geschieht zum Schluss des Märchens?	Handlung des Textes	Die Zauberwaldfee schenkt ihr das Töpfchen (Z. 7). „Töpfchen geh!" (Z. 8), „Töpfchen steh!" (Z. 10) einen Gemahl (Z. 17, 20) bauen eine Fabrik und eine Villa mit allen Schikanen (Z. 44), ein Haus daneben (Z. 48), kaufen sich Pelze (Z. 49), Pudel (Z. 50), Autos (Z. 52), Häuser an der Riviera, in Alicante und Kitzbühl (Z. 59 f.), zwei Grundstücke in Kanada (Z. 61) und ein Apartment in Rom (Z. 61 f.) Das Töpflein kocht und kocht (Z. 78 f.)
Was ist das Besondere an dem Topf von der Zauberwaldfee? Warum verkaufen sie schließlich den Brei? Warum kann der Topf nicht mehr gestoppt werden?	Begründungen und Erklärungen	Der Topf kocht süßen Brei satt, ohne Zutaten hineingeben zu müssen. (Z. 8 f.) weil sie satt sind (Z. 30 ff.) weil sie das Zauberwort vergessen haben (Z. 62 f.)

Seite 76

6 *So könnte deine Lösung lauten:*

a) Ich finde, David hat besser markiert, weil hier nur die wichtigsten Dinge markiert sind und so ein schneller Überblick möglich ist.

b) und c) Es war einmal ein Mädchen, das lebte mit seiner Mutter allein und in Armut, denn die Mutter hatte keinen Mann. Und als sie einmal nichts mehr zu essen hatten, ging das Mädchen in den Wald.

„Vielleicht werde ich Pilze finden", sagte es, „oder Beeren, oder ich treffe die Zauberwaldfee, und sie schenkt mir einen Topf, der immer kocht, und die Speise geht nie zu Ende."
Im Wald aber waren keine Pilze, nur etliche giftige. Es wuchsen dort auch keine Beeren. Doch das Mädchen traf die Zauberwaldfee, und die gab ihm einen Topf.
Sie sagte: „Wenn du sagst: ‚Töpfchen geh!', dann fängt der Topf an, einen süßen Brei zu kochen, so viel du willst, ohne dass du etwas hineintust, und es hört erst auf, wenn du sagst:

‚Töpfchen steh!' Aber vergiss es nicht: ‚Töpfchen steh!' "
Das Mädchen freute sich, denn süßer Brei war zufällig auch seine Leibspeise. Es brachte den Topf nach Haus, und auch die Mutter freute sich, denn süßer Brei macht schön satt. Und von da an hatten sie wenigstens süßen Brei zu essen.
Als sie nun immer satt waren, fielen ihnen bald andere Wünsche ein. Die Mutter wünschte sich einen Mann zum Gemahl.
Werden erst mal zwei satt, auch ein dritter noch was hat,
sagt ein Sprichwort, und so nahm die Mutter sich einen Gemahl.
Das Töpfchen kochte und kochte, so viel sie nur wollten. Und die drei wurden gut satt, sodass das Mädchen jetzt auch einen Mann zum Gemahl wollte und sagte:
„Werden erst mal dreie satt, auch ein vierter noch was hat."
Da sie keine Not litten und keine Sorgen mehr hatten, war die Mutter nicht dagegen, und die Tochter heiratete einen schönen dicken Jungen.
Sie hatten alle vier genug zu essen und ließen den Topf kochen, solange es ihnen gefiel. Sagten sie: „Töpfchen steh!", hörte es auf.
Bald sagte der Mann zur Mutter: „Schade ist es um den schönen vielen Brei, den wir kochen könnten, wenn wir wollten, den wir aber nicht essen können, weil wir schon satt sind. Wir sollten ihn verkaufen."
Und das taten sie. Weil der Brei süß war und gut schmeckte – er brauchte auch nicht nachgezuckert zu werden, ja, es erwies sich sogar, dass er jedem genau so schmeckte, wie er ihm am liebsten mochte –, weil der Brei also so gut war, verkauften sie viel davon.
Das Töpfchen aber kochte und kochte.
„Der Topf ist ja eine Goldgrube", sagte der schöne dicke Junge, den die Tochter geheiratet hatte. „Wir werden eine Breikonservenfabrik aufmachen und die Konserven in Paketen überall hinschicken. Da werden wir reich."
Und das taten sie auch. Sie ließen den Topf Tag und Nacht kochen und verkauften den Brei in die Stadt, auf das Land und ins Ausland.
Und sie wurden immer reicher.

Sie bauten eine Fabrik, bauten sich eine Villa mit allen Schikanen: Zentralheizung, Klinkerziegeln, Fensterbänken aus Marmor. Sie kauften sich afghanische Teppiche und für jeden einen Schaukelstuhl, kauften französische Betten und polierte Möbelstücke, kauften raffinierte Kleider nach der neuesten Mode, weiche Polstersessel, kurz, fast alles, was ihnen einfiel. Als das Haus zu klein dafür wurde, bauten sie noch eines daneben.
Bald wollte die Mutter einen Nutria-Pelzmantel. Dafür wollte die Tochter einen Breitschwanz und einen Nerz, und so ging das immer weiter. Sie hielten sich teure Pudelhunde, die vom Hundefriseur gepudert und frisiert und obendrein parfümiert wurden wie Tänzerinnen.
Und jeder von den vieren bekam ein eigenes Auto.
Als sie alles hatten, was es gab, die Männer in Kamelhaarmänteln herumliefen und die Frauen sich ondulieren und pediküren ließen, fiel ihnen kein Wunsch mehr ein. Da fingen sie an, Golf und Bridge zu spielen, um die Zeit totzuschlagen. Sie liefen auch in die Operette und ins Kabarett, den Topf ließen sie kochen und kochen. Der Brei wurde von zwei Männern in Dosen gepackt, von drei Männern in Pakete verschnürt und auf Lastwagen verladen.
Indes wurden die vier immer reicher. Bald kauften sie sich ein Haus an der Riviera und eines in Alicante. Aber auch eines in Kitzbühl, 2000 Meter über dem Meeresspiegel, und zwei Grundstücke in Kanada und ein Apartment in Rom. Das Töpfchen kochte und kochte, sie hatten das Zauberwort längst vergessen. Das wäre auch nicht schlimm gewesen – aber eines Tages waren fast alle Leute auf der Welt satt von dem Brei und da geschah es, als die vier an einem Nachmittag im Wohnzimmer saßen, Cocktail tranken und Nüsse knabberten, dass durch die Wohnzimmertür der Brei hereinkam.
Zuerst spürte das Mädchen etwas Warmes im Rücken.
Als sie sich umdrehte, war es schon zu spät.
Der Brei hatte die Tür verstopft, und nun kam er auch schon durch das Fenster herein.
„Das ist doch nicht schlimm", sagte das Mädchen, „wir sagen einfach das Zauberwort, dann hört er auf zu kochen."

„Na los!“, rief der Mann. „Sag es schon, es ist dein Topf. Und beeile dich, der Brei läuft mir schon in die Schuhe.“
„Töpflein, Töpflein, dreh dich nicht um ...“, sagte das Mädchen. Aber das stimmte nicht.
„Töpflein, Töpflein an der Wand ...“
Nein, stimmte auch nicht. Und weil das Zauberwort so einfach war, fiel es ihnen nicht mehr ein, dem Mädchen nicht, der Mutter nicht, den andern nicht, und das Töpflein kochte und kochte und kocht immer weiter, bald wird der Brei unser Land vergraben und die ganze Welt – los, sag schnell das Zauberwort, wenn du's noch weißt!
Schreib's hierher: *„Töpfchen steh!“*

d) bis f)

Abschnitt 1 (Z. 1–14): Die Zauberwaldfee
Eine Mutter lebt mit ihrer Tochter allein. Sie sind arm. Die Tochter geht in den Wald, um Nahrung zu sammeln und trifft auf eine Zauberwaldfee, die ihr einen Topf gibt, der auf Befehl Brei kocht. Von da an haben beide genug zu essen.
Abschnitt 2 (Z. 15–43): Die Breikonservenfabrik
Mutter und Tochter heiraten und werden durch eine Breikonservenfabrik reich.
Abschnitt 3 (Z. 44–58): Viele Wünsche
Sie erfüllen sich alle Wünsche, die sie jemals hatten, und besitzen alles, was man sich mit Geld nur kaufen kann. Sie beginnen sich zu langweilen.
Abschnitt 4 (Z. 59–81): Das vergessene Zauberwort
Als die Welt satt ist, kocht der Brei über und droht alles unter sich zu begraben. Leider fällt niemandem mehr ein, welchen Befehl man aussprechen muss, um das Töpfchen zu stoppen.

Seite 77

7 Ausgangssituation: Mutter lebt mit *Tochter* allein in *Armut*.
Auslöser der Handlung: Der „immer kochende Topf“ der *Zauberwaldfee*
Reaktion der Betroffenen: Mutter und Tochter *heiraten* und *werden reich*.
Ergebnis der Handlung: Vergessen des *Zauberwortes, Zerstörung* von allem

Seite 78

8 Das Märchen wird aus der Sicht eines Er-/Sie-Erzählers erzählt. Das erkenne ich daran, dass er über die Figuren in der dritten Person berichtet, aus einer gewissen Distanz, und damit niemand ist, der am Geschehen selbst beteiligt ist.

9 Das Märchen „Der süße Brei“ ist ein modernes Märchen mit traditionellem Ursprung. Dies erkenne ich an der Übernahme des Inhalts des Märchens „Der süße Brei“ der Brüder Grimm, der mit modernen, neuen Elementen kombiniert wird, um zu einer Steigerung der Handlung führen zu können. Zum Beispiel sind das Auto, die Konservenfabrik oder der Cocktail Elemente aus unserer Zeit.

10 Das Märchen „Der süße Brei“ lehrt uns, dass man bescheiden bleiben soll, denn Raffgier kann ins Verderben führen.

Das kleine Mädchen bekam nun einen Lachkrampf und die alte Hexe drehte sich um, bemerkte die beiden Kinder und redete sie folgendermaßen an: „Ach! Ihr seid es, meine lieben Enkelkinder? Esst, esst nur und werdet fett!“ Dann packte sie die Kinder und warf sie in eine große Kiste voller Kastanien und schloss sie darin ein. Am nächsten Tag kam sie zur Kiste und sprach zu ihnen Folgendes: „Zeigt mir eure kleinen Finger, meine Liebchen, damit ich beurteilen kann, ob ihr fett und wohlgenährt geworden seid.“ Die Kinder streckten ihre kleinen Finger aus, wie gewünscht. Doch am nächsten Tag fragte die alte Hexe sie wieder: „Zeigt mir eure kleinen Finger, meine kleinen Liebchen, damit ich sehen kann, ob ihr fett und mollig geworden seid!“
Die Kinder zeigten ihr anstatt ihrer kleinen Finger den Schwanz einer Katze, den sie in der Kiste gefunden hatten. Da sagte die alte Hexe: „Meine Liebchen, ihr könnt jetzt herauskommen, denn ihr seid fett und mollig.“ Sie holte sie aus der Kiste heraus und sagte, sie müssten mit ihr kommen und Stöckchen sammeln.
Die Kinder gingen in den Wald und suchten in einer Richtung, während die alte Hexe eine andere Richtung einschlug. Als sie an einem bestimmten Platz angekommen waren, begegnete ihnen eine Fee. Diese Fee sagte zu ihnen: „Ihr sammelt Stöckchen, meine Kinder, um den Ofen zu heizen, aber ihr wisst nicht, dass die alte Hexe euch darin backen will.“ Weiter erzählte sie ihnen, dass die alte Hexe ihnen befehlen werde, sich auf den Brotschieber zu setzen, und dann sagen würde: „Setzt euch auf den Schieber, meine kleinen Schätzchen, damit ich euch im Ofen tanzen sehen kann“, aber sie sollten sie bitten, sich selbst zuerst darauf zu setzen, damit sie lernen würden, wie man es macht.
Dann ging die Fee wieder fort.
Kurz nachdem sie diese gute Fee getroffen hatten, fanden sie die alte Hexe im Wald. Sie packten alles Feuerholz, das sie gesammelt hatten, in Bündel und trugen es nach Hause, um den Ofen zu heizen. Als sie den Ofen geheizt hatten, kehrte die alte Hexe ihn sorgfältig aus und dann sagte sie zu den Kleinen: „Setzt euch hierhin, meine kleinen Lieblinge, auf diesen Brotschieber, damit ich sehen kann, wie hübsch ihr im Ofen tanzt!“
Die Kinder antworteten der Hexe, wie die gute Fee es ihnen gesagt hatte: „Setz du dich hier drauf, Großmütterchen, damit wir dich zuerst im Ofen tanzen sehen können.“ Da es die Absicht der Hexe war, die Kinder zu backen, setzte sie sich zuerst auf den Schieber, um sie zu überreden, es ihr nachzutun, aber im selben Moment, als die Kinder sie auf dem Schieber sahen, schoben sie den Schieber mit der Hexe darauf in den Ofen.
Die alte Hexe erschrak sehr und war sofort danach zu Asche verbrannt.
Die Kinder nahmen die Hütte und alles, was darin war, in Besitz.

b) Stelle erste Vermutungen über den Inhalt des Textes an. Schreibe in dein Heft.

c) Um welche Textsorte handelt es sich? Kreuze an.

☐ Brief ☐ Lied ☐ Beschreibung ☐ Märchen ☐ Gedicht ☐ Sachtext

d) Notiere in einigen Stichworten, was du über diese Textsorte weißt.

Über die Textsorte ____________ *weiß ich folgende Dinge:*

____

____

Schritt 2: Prüfen, ob die Vermutungen zutreffen

Lies den Text zum ersten Mal und **überprüfe, welche deiner Vermutungen richtig waren** und wo der Text von deinen Vermutungen abweicht. Halte anschließend deinen Eindruck vom Text fest.

2 **a)** Lies den Text ein erstes Mal aufmerksam und prüfe, ob deine Vermutungen zutreffen.

b) Fasse in ein bis zwei Sätzen den Inhalt des Textes zusammen.

____

____

Schritt 3: Unbekannte Wörter und schwierige Textstellen klären

Kläre nach dem zweiten Lesen unbekannte Wörter und schwierige Textstellen.
Versuche zunächst, ihre Bedeutung **aus dem Zusammenhang zu erschließen**.
Gelingt dies nicht, **schlage im Wörterbuch nach** oder **nutze das Internet**.

3 **a)** Lies den Text noch einmal und markiere unbekannte Wörter und schwierige Textstellen.

b) Lies die entsprechenden Textstellen aufmerksam und versuche, die Wörter und Wendungen aus dem Zusammenhang zu erschließen. Wenn nötig, schlage in einem Wörterbuch nach oder nutze das Internet.

c) Pauline hat folgende Textstelle markiert:

Die Kinder taten, wie sie geheißen worden waren; (Z. 6)

Was bedeutet die Formulierung? Kreuze die richtige Antwort an.

Die Kinder ...

- ☐ ... taten, was ihnen gesagt worden war.
- ☐ ... taten einfach das, was sie wollten.
- ☐ ... sagten, wie sie heißen.
- ☐ ... taten nicht das, was ihnen gesagt worden war.

In Märchen kommen oft altertümliche Wendungen vor. Lies die Textstelle aufmerksam und erschließe ihre Bedeutung aus dem Zusammenhang.

Schritt 4: Den Inhalt des Textes genauer untersuchen

Um den Inhalt des Textes genauer zu untersuchen, hast du drei Möglichkeiten:

1. Stelle ***W*-Fragen** an den Text und beantworte sie, z. B. *Wer? Wo? Wann? Was? Wie? Warum?*
2. Markiere in jedem Abschnitt **Schlüsselwörter** und wichtige Informationen zu den Schlüsselwörtern.
3. Formuliere **Überschriften zu den einzelnen Abschnitten**.

Bestimme die **Erzählform** des Textes. Handelt es sich um einen **Ich-Erzähler** oder um einen **Er-/Sie-Erzähler**?

4 Übertrage die Tabelle mit *W*-Fragen in dein Heft und ergänze sie. Verwende dabei in der zweiten Spalte folgende Begriffe:

Handlung des Textes, Handlungsort, Figuren und Eigenschaften, Begründungen und Erklärungen, Handlungszeit

Fragen an den Text	Zu untersuchender Aspekt
Wo spielt die Handlung?	Handlungsort
Wann ...?	
Wer ...?	
Was ...? / Worum geht ...?	
Warum ...?	

5 a) Markiere die Figuren, die in dem Märchen vorkommen.

b) Unterstreiche anschließend alle Informationen, die du zu den Figuren im Text bekommst, z. B.:

Es war einmal eine Frau, die hatte einen Sohn und eine Tochter.

Schlüsselwörter sind Wörter im Text, die zum Verstehen besonders wichtig sind, z.B. Namen, Orte oder Gegenstände.

6 Markiere wichtige Schlüsselwörter im Text.

7 a) Ordne die folgenden Überschriften den Abschnitten des Textes zu, indem du die Nummer einträgst.

Abschnitt _____ : Austricksen der Hexe

Abschnitt _____ : Die alte Frau, die Pfannkuchen briet

Abschnitt _____ : Zum Mästen in die Kiste

Abschnitt _____ : Eine Frau und ihre Kinder

Abschnitt _____ : Begegnung im Wald mit einer Fee

b) Ergänze die Überschrift des letzten Textabschnitts.

Abschnitt 6: ________________________________

c) Schreibe die Überschriften nun wie im folgenden Beispiel in dein Heft und notiere zu jedem Abschnitt stichpunktartig dessen Inhalt.

Abschnitt 1: Eine Frau und ihre Kinder

Inhalt: Frau schickt ihre Kinder Bohnen kaufen und geht dann selber Brennholz sammeln; streut Bohnenhülsen auf den Pfad; Kinder sollen sie finden

Der **Ich-Erzähler** ist selbst handelnde Figur des Geschehens und hat deshalb eine persönliche Sicht.

Der **Er-/Sie-Erzähler** ist nicht am Geschehen beteiligt und erzählt von den Figuren in der Er- bzw. Sie-Form.

8 a) Aus welcher Sicht wird das Märchen erzählt? Kreuze an.

☐ aus der Sicht eines Er-/Sie-Erzählers ☐ aus der Sicht eines Ich-Erzählers

b) Begründe deine Entscheidung.

____

c) Schreibe den zweiten Absatz (Z. 6–16) des Märchens aus dem Blickwinkel des Jungen als Ich-Erzähler um. Schreibe in dein Heft und beginne so:

Wir taten, wie uns geheißen worden war;

Schritt 5: Über den Text nachdenken

Untersuche **Handlung und Figuren** des Textes.
Welche Probleme, Wünsche oder Ziele haben die Figuren?
Bilde dir eine **Meinung** zum Text.

9 **a)** Das vorliegende Märchen ist eine Variante eines bekannten deutschen Märchens. Hast du es erkannt? Kreuze das richtige Märchen an.

- ☐ Aschenputtel
- ☐ Frau Holle
- ☐ Schneeweißchen und Rosenrot
- ☐ Hänsel und Gretel
- ☐ Rumpelstilzchen
- ☐ Dornröschen

b) Ergänze folgenden Satzanfang.

Das vorliegende Märchen ist eine Variante des Märchens

. Das erkenne ich daran ...

10 **a)** Wie beurteilst du das Verhalten der Geschwister?

b) Wie gefällt dir das Ende des Märchens? Begründe deine Meinung.

Übungen

Sachtexte erschließen

Übungstext 1

Roboter: Lehrerin unter Strom

von Lena Ullrich

Stellt euch vor, es geht morgens die Tür zu eurem Klassenzimmer auf und herein spaziert ein Roboter! So ging es den Kindern einer Schule in Tokio. Roboter-Frau Saya übernahm dort probeweise den Unterricht.

Die Kinder einer Schule in Tokio heben erstaunt die Köpfe: Auf dem Stundenplan steht Technikunterricht, aber auf dem Stuhl vorne am Lehrerpult nimmt gerade eine unbekannte junge Frau Platz. Sie stellt sich der Klasse mit einer schnarrenden Stimme als Saya vor.

Die Kinder staunen noch mehr, als sie erfahren, dass ihre neue Techniklehrerin selbst ein vollautomatischer Roboter ist.

Saya ist kaum größer als ihre japanischen Schüler selbst und hat ein hübsches Puppengesicht. Ihre kurzen rötlichen Haare und schmalen Schultern lassen sie fast kindlich aussehen. Aber in ihrem weißen Mäntelchen, das bis unter das Kinn zugeknöpft ist, wirkt Saya merkwürdig steif. Und durch ihre starre Mimik sieht sie sogar ein bisschen unheimlich aus. Kein Wunder, denn Sayas Lächeln wird von 18 Motoren erzeugt, die sich unter ihrer Gummihaut verstecken!

Wie zu erwarten war, verläuft Sayas erste Unterrichtsstunde nicht ganz reibungslos: Als sie die Schüler ermahnt, „still zu sein“ und dabei ein ganz böses Gesicht macht, fangen sogar einige Kinder vor Schreck an zu weinen. Doch für Mitgefühl fehlt Saya das passende Programm.

Ihr Erfinder Hiroshi Kobayashi hat Saya zwar programmiert, Überraschung, Angst, Empörung, Wut, Trauer und Freude zu mimen. Doch im Grunde lassen Saya ihre Schüler kalt.

Ein echtes Vorbild ist Saya also nicht. Und so freuen sich die Kinder am Ende der Stunde, als sie aufstehen und ihrer Lehrerin zum Abschied in die Nase kneifen dürfen!

Vermutungen über den Inhalt des Textes anstellen

1 Lies die Überschrift und betrachte das Bild. Worum geht es?
Notiere deine Vermutungen.

→ Schritt 1
Vermutungen über den Inhalt des Textes anstellen

Prüfen, ob die Vermutungen zutreffen

2 **a)** Lies den Text zum ersten Mal und überprüfe, ob deine Vermutungen zutreffen.

b) Welchen ersten Eindruck hast du vom Text? Mache dir Notizen.

→ Schritt 2
Vermutungen überprüfen

Unbekannte Wörter und schwierige Textstellen klären

3 Moritz hat zwei Ausdrücke notiert, die ihm nicht ganz klar sind.

a) Lies den Text zum zweiten Mal und finde heraus, was die Ausdrücke bedeuten.

Schwierige Textstelle	Zeile	Bedeutung
starre Mimik		
mimen		
...		

b) Ergänze weitere schwierige Textstellen und erkläre ihre Bedeutung.

→ Schritt 3
- die Bedeutung von Wörtern aus dem Zusammenhang erschließen
- nachschlagen

Schritt 4 ←

- *W*-Fragen an den Text stellen
- Schlüsselwörter markieren
- Überschriften zu Abschnitten formulieren

Den Inhalt des Textes genauer untersuchen

4 Stelle möglichst viele *W*-Fragen an den Text.

a) Verbinde die vorgegebenen Bausteine zu sinnvollen *W*-Fragen.

Wo gibt es	die Roboter-Lehrerin nicht?
Um wen	Lehrerin manchen Kindern unheimlich?
Was ist	geht es in diesem Text hauptsächlich?
Wie heißt	das Besondere an der „Lehrerin unter Strom"?
Warum ist die	eine Roboter-Lehrerin?
Was kann	die Roboter-Lehrerin?

b) Ergänze weitere mögliche *W*-Fragen in deinem Heft und beantworte sie.

5 Markiere in jedem Abschnitt mindestens ein Schlüsselwort und unterstreiche zusätzliche wichtige Informationen. Gehe dabei vor wie in folgendem Beispiel.

Stellt euch vor, es geht morgens die Tür zu eurem Klassenzimmer auf und herein spaziert ein Roboter! So ging es den Kindern einer Schule in Tokio. Roboter-Frau Saya übernahm dort probeweise den Unterricht.

6 Jeweils eine der beiden Überschriften passt zu den Abschnitten des Textes. Streiche die unpassende durch.

Abschnitt 1	*Probeunterricht durch einen Roboter* *Roboter-Frau übernimmt ab sofort den Unterricht*
Abschnitt 2	*Lehrerin bringt Roboter mit* *Techniklehrer – ein vollautomatischer Roboter*
Abschnitt 3	*Roboter-Lehrerin – ein bisschen unheimlich* *Roboter-Lehrerin – perfekt programmiert*
Abschnitt 4	*Roboter-Frau mit Mitgefühl* *Eine nicht ganz reibungslose Unterrichtsstunde*
Abschnitt 5	*Roboter-Lehrerin – kein echtes Vorbild* *Roboter als perfekter Lehrerersatz*

7 Erstelle einen Steckbrief der Roboter-Frau Saya mit Hilfe des Textes. Schreibe in dein Heft.

Über den Text nachdenken

→ **Schritt 5**
Über den Text nachdenken

8 Welche Meinung hast du zum Text? Hat sich deine Erwartung an den Text bestätigt? Sind noch Fragen offengeblieben?

9 Welche Funktion hat der Text?

a) Kreuze das passende Verb / die passenden Verben an.

☐ informieren ☐ appellieren ☐ unterhalten

b) Begründe deine Meinung.

10 Ein Roboter als Lehrerin? Darüber kann man verschiedene Ansichten haben.

a) Lies die folgenden Schülermeinungen und entscheide, welche deiner eigenen Meinung am nächsten kommt.

Heiner: Ich stelle es mir toll vor, von einem Roboter unterrichtet zu werden. Roboter bevorzugen wenigstens niemanden. Da wird man endlich mal gerecht behandelt!

Judith: Ich könnte mich bestimmt nicht auf den Unterricht konzentrieren, weil ich die ganze Zeit beobachten würde, was der Roboter kann oder nicht kann.

Maike: Ich glaube nicht, dass Roboter als Lehrer geeignet sind, denn als Lehrer muss man Gefühle haben und sie auch zeigen. Ich finde es sehr wichtig zu wissen, mit welchen Gefühlen ein Lehrer auf meine Antworten reagiert.

b) Begründe deine Entscheidung.

Übungstext 2

Elefanten – Ein Waisenhaus in Sri Lanka

von Peter Stenz

Im Ort Pinnawela auf der Insel Sri Lanka steht das weltweit einzige „Waisenhaus“ für Elefanten. Auf Sri Lanka, einem Inselstaat im Indischen Ozean, gibt es nämlich wild lebende Elefanten. Immer wieder werden welche getötet – z. B. von Bauern, wenn sich die hungrigen Tiere durch ihre Felder fressen. Die Elefantenwaisen, die noch auf die Muttermilch angewiesen sind, haben keine Überlebenschance, wenn sie plötzlich ganz alleine sind.
Über 50 Tiere werden im Waisenhaus gepflegt, gefüttert und zum Baden geführt. Zum Fluss ist es nur einen halben Kilometer weit, der Weg geht mitten durch das Dorf. Aber Tiere wie Menschen haben sich schon daran gewöhnt, dass hier jeden Tag mehrmals eine Herde aus großen und kleinen Tieren entlanggeführt wird. An der Hauptstraße stehen sogar Warnschilder.
Rund um die Uhr kümmern sich 12 Mahouts, also Elefantenführer, um die Tiere. Wichtigste und anstrengendste Arbeit ist das Heranschaffen und Verteilen von Futter. Die Tiere fressen fast die ganze Nacht lang, die erwachsenen Elefanten schlafen nur wenige Stunden. Jeden Tag verfüttert das Waisenhaus fünf Tonnen Palmenstämme und vier Tonnen Blätter und Palmwedel an die Tiere. Die Elefantenbabys bekommen zusätzlich noch Milch.

Im Waisenhaus in Pinnawela kommen nicht nur Tiere ohne Mutter unter. Eine Elefantenkuh wurde aufgenommen, nachdem sie den rechten Vorderfuß verloren hatte. Sie war auf eine Mine getreten, die explodierte. Die Herde musste sie zurücklassen. Dann haben Soldaten das verletzte Tier gefunden und zu Tierärzten gebracht, danach kam sie nach Pinnawela.
Ein anderes Tier war als Arbeitselefant jahrelang schlecht behandelt worden. Nachdem er sich befreien konnte, hat der Bulle 13 Menschen getötet. Durch die sorgsame Pflege im Waisenhaus ist er wieder friedlich geworden – und trägt jetzt das Futter für die anderen Tiere heran.
In die Freiheit können die Elefanten aus Pinnawela nie mehr zurück. Sie haben sich so sehr an Menschen gewöhnt, dass sie wieder in ihre Nähe gehen würden. Das ist gefährlich für Menschen und Tiere.
Aber offensichtlich geht es den grauen Riesentieren in ihrem „Pflegeheim“ recht gut: Elefanten sind so feinfühlig, dass sie in Zoos so gut wie nie Nachwuchs bekommen. In Pinnawela sind die Pfleger stolz darauf, dass die ersten Waisen selbst wieder Kinder bekommen haben.

Vermutungen über den Inhalt des Textes anstellen

1 a) Lies die Überschrift und betrachte die Fotos. Worum geht es? Kreuze an.

In dem Text geht es ...

- ☐ ... um Waisenkinder in Sri Lanka und wie sie in dem Ort Pinnawela leben.
- ☐ ... darum, wie Elefanten in Sri Lanka leben.
- ☐ ... um das weltweit einzige Waisenhaus, das es für Elefanten in Sri Lanka gibt.
- ☐ ... um eine Touristenattraktion im Ort Pinnawela in Sri Lanka.

b) Was erwartest du von dem Text? Notiere in Stichpunkten.

→ **Schritt 1**
Vermutungen über den Inhalt des Textes anstellen

Prüfen, ob die Vermutungen zutreffen

2 a) Lies den Text zum ersten Mal und überprüfe, ob deine Vermutungen zutreffen.

b) Welchen ersten Eindruck hast du vom Text? Mache dir Notizen.

→ **Schritt 2**
Vermutungen überprüfen

Unbekannte Wörter und schwierige Textstellen klären

3 a) Markiere im Text alle schwierigen Wörter und Textstellen, die du nicht verstehst.

b) Ivo hat vier schwierige Wörter gefunden. Schreibe die Wörter, die du selbst nicht verstehst, dazu und erkläre ihre Bedeutung.

Waisenhaus (Z. 1), Sri Lanka (Z. 1), Pinnawela (Z. 1), Mahouts (Z. 10)

→ **Schritt 3**
- die Bedeutung von Wörtern aus dem Zusammenhang erschließen
- nachschlagen

Den Inhalt des Textes genauer untersuchen

Schritt 4 ←

- *W*-Fragen an den Text stellen
- Schlüsselwörter markieren
- Überschriften zu Abschnitten formulieren

4 a) Lies die folgenden *W*-Fragen zum Text und gib an, in welchem Abschnitt du Hinweise zur Beantwortung findest.

b) Beantworte die Fragen in Stichworten.

Wer kommt in das Waisenhaus? (*Abschnitt 1*)

____

Wer kümmert sich um die Tiere? (*Abschnitt* ____)

____

Wo steht das Waisenhaus? (*Abschnitt* ____)

____

Was fressen die Elefanten? (*Abschnitt* ____)

____

Warum können die Elefanten nie wieder in die Freiheit zurück? (*Abschnitt* ____)

____

Wie viele Elefanten sind in dem Waisenhaus? (*Abschnitt* ____)

____

5 a) Markiere drei Schlüsselwörter in der Überschrift und im ersten Satz, die dir Hinweise darauf geben, worum es in dem Text geht.

b) In welchem der beiden folgenden Sätze sind die Unterstreichungen und Markierungen von Schlüsselwörtern sinnvoll und in welchen nicht? Kreuze an.

1. Im Ort Pinnawela auf der Insel Sri Lanka steht das weltweit einzige „Waisenhaus“ für Elefanten.	sinnvoll ☐	nicht sinnvoll ☐
2. Auf Sri Lanka, einem Inselstaat im Indischen Ozean, gibt es nämlich wild lebende Elefanten.	sinnvoll ☐	nicht sinnvoll ☐

c) Begründe deine Meinung in deinem Heft.

d) Markiere mit einem Textmarker alle Schlüsselwörter im Text und unterstreiche anschließend wichtige Zusatzinformationen zu den Schlüsselwörtern.

6 a) In wie viele Textabschnitte kannst du den vorliegenden Text einteilen? ______

b) Ordne die folgenden Überschriften den Abschnitten des Textes zu, indem du die Nummer einträgst. Aufgepasst! Zwei Überschriften passen nicht zum Text. Streiche sie durch.

Abschnitt ______ : Nie wieder Freiheit

Abschnitt ______ : Weltweit einziges Waisenhaus für Elefanten

Abschnitt ______ : Ein Waisenhaus in Köln

Abschnitt ______ : Verwandlung durch sorgsame Pflege

Abschnitt ______ : Tonnenweise Futter jeden Tag

Abschnitt ______ : Von Pinnawela in den Zoo

Abschnitt ______ : Menschen und Elefanten friedlich zusammen

Abschnitt ______ : Waisenhaus in Pinnawela – nicht nur für Elefanten ohne Eltern

Über den Text nachdenken

7 Überlege, welche Absicht der Autor mit diesem Text verfolgen könnte.

☐ Der Autor möchte dem Leser erzählen, wie lustig es in Waisenhäusern auf der Insel Sri Lanka zugeht.

☐ Der Autor möchte den Leser darüber informieren, dass es im Ort Pinnawela auf der Insel Sri Lanka das weltweit einzige „Waisenhaus" für Elefanten gibt.

→ **Schritt 5**

Über den Text nachdenken
- Bestimme die Funktion des Textes.

8 a) Zu welchem Zweck wurde dieser Text geschrieben und wo könnte er vermutlich abgedruckt gewesen sein? Kreuze an.

Der Text wurde geschrieben ...

☐ zur Unterhaltung

☐ zur Information

Der Text ist abgedruckt ...

☐ in einer Jugendzeitschrift

☐ in einer Zeitung oder Zeitschrift

☐ in einem Comicbuch

b) Begründe deine Meinung in ein bis zwei Sätzen.

______

______

______

______

Sachtexte erschließen

1 **a)** Lies den folgenden Text.

Geisterstunde auf Taiwanisch

von Jens Wiesner

Stellt euch vor, ihr bekommt Besuch von verstorbenen Verwandten! Für die Menschen auf Taiwan nichts Neues: Während des „Geistermonats" öffnen sich die Tore zur Unterwelt – und die Taiwaner verbrennen ganze Geldscheinbündel, um sich mit ihren verstorbenen Verwandten gut zu stellen.

Huang Ning verneigt sich einmal tief, ihre Lippen flüstern ein kurzes Gebet. Dann greift die junge Taiwanerin neben sich in den Stapel mit Geldscheinen und wirft – ohne zu zögern – ein ganzes Bündel ins Feuer. Und noch eins. Und noch eins. In Windeseile haben sich die Flammen durch das Papier mit dem goldfarbenen Aufdruck gefressen. Süßlicher Geruch, der an Weihrauch erinnert, steigt aus der blechernen Feuertonne nach oben. „Geistergeld" erklärt Ning und schaut den aufsteigenden Rauchschwaden hinterher. Sie verbrennt die Papierscheine, um die Geister ihrer verstorbenen Verwandten zu besänftigen. Zuvor hatte sie sich die Jenseitswährung für etwas diesseitiges Geld im Supermarkt an der Ecke besorgt.

Ein wenig seltsam ist das Bild schon: Nicht nur vor der Wohnung von Nings Familie, selbst vor den edelsten Geschäften stehen die etwas schmuddeligen Tonnen oder gusseisernen Mini-Öfen. Und das nicht nur in den Straßen der Hauptstadt Taipei, sondern überall im ganzen Land! Wer sich nicht auskennt, könnte glauben, Obdachlose würden mit ihrer Hilfe kalte Nächte überstehen. Der Vergleich wäre eine glatte Beleidigung für jeden Taiwaner: Denn das Verbrennen von Geistergeld während des Geistermonats dient gleich zwei wichtigen Aufgaben. „Je mehr Geld die Geister bekommen, desto schöner wird das Leben, das sie sich in der Unterwelt machen können", erklärt Ning. Denn umsonst gebe es auch in der Unterwelt nicht viel. Gleichzeitig hält die Gabe verstorbene Verwandte oder ziellos umherirrende Geister davon ab, Nings Familie zu sehr auf die Pelle zu rücken. „Es ist ein wenig wie Halloween", versucht das Mädchen einen Vergleich, „ich gebe den Geistern etwas und sie lassen mich in Ruhe!"

In den restlichen Monaten des Jahres besteht kein allzu großer Grund zur Sorge, dass Geister Nings Familie bis nach Hause folgen. Denn in der Regel ist die Welt der Verstorbenen und die der Lebenden strikt getrennt. Doch einmal im Jahr, dem siebten Monat des chinesischen Monatskalenders, öffnen sich die Tore zum Jenseits einen Spalt breit. Geister und Seelen kommen dann aus der Unterwelt, um einen Monat lang in der Menschenwelt zu verbringen. So zumindest glauben es viele Taiwaner. Viele Tempel führen an diesem Tag Zeremonien durch, um den Geistern eine sichere Passage ins Diesseits zu gewähren. Denn obwohl man die Geister fürchtet, bringt man ihnen gleichzeitig tiefen Respekt und Ehre entgegen. Trotzdem traut sich Ning im Geistermonat, wenn es dunkel geworden ist, nur noch selten vor die Tür. Kleidungsstücke, die nach Einbruch der Dämmerung noch draußen liegen, holt sie erst am nächsten Tag wieder herein. Zu groß die Gefahr, ein Geist könnte das vergessene T-Shirt als Geschenk missverstehen und dem edlen Spender ins Haus folgen. Ebenso wenig wird man einen Taiwaner während des Geistermonats in einem Fluss oder See schwimmen sehen. „Niemals", winkt Ning ab, „die Seelen der Ertrunkenen sind neidisch auf die Lebenden und ziehen sie mit in ihr nasses Grab!"

Ob sie denn auch mit ihren verstorbenen Verwandten sprechen würde? Ning lacht unbequem auf: „Natürlich nicht, das ist doch viel zu gruselig!" Deswegen bleiben die Türen und Fenster nachts fest verschlossen. Man kann nie wissen. Bis das Ende des Geistermonats gekommen ist – und der Spuk ein Ende hat.

b) Worum geht es in dem Text? Kreuze die passende Formulierung an.

In dem Text geht es um ...

- ☐ ein neues Schulfach, das eingeführt werden soll: Geisterstunde.
- ☐ Geister in Taiwan.
- ☐ taiwanischen Unterricht.

/1

2 Welche Bedeutung haben die folgenden Ausdrücke? Verbinde die Wörter mit den richtigen Erklärungen und gib die Zeile an.

Schwieriges Wort	Bedeutung	Zeile
der Weihrauch	die Bezeichnung für eine nicht erklärbare unheimliche Erscheinung	
der Spuk	Der Begriff *Jenseits* meint einen übernatürlichen Bereich, den man nach dem Tode betritt. *Währung* meint ein Zahlungsmittel wie unseren Euro.	
die Jenseitswährung	Ein Harz, das von Weihrauchbäumen gewonnen wird und bei Verbrennen einen typischen Geruch abgibt. Es wird auch in der katholischen Kirche verwendet.	

/3

3 Verbinde die folgenden Bausteine zu sinnvollen *W*-Fragen an den Text und notiere in der letzten Spalte, in welcher Zeile die Antwort im Text steht.

W-Frage		Abschnitt
Wann	kommt aus der Unterwelt?	
Was	verbrennt Geld während des Geistermonats?	
Was	trauen sich die Taiwaner während des Geistermonats abends nicht mehr raus?	
Wo	tun die Taiwaner mit ihrem Geld während des Geistermonats?	
Wer	gibt es den Geistermonat?	
Wer	ist der Geistermonat in Taiwan?	
Warum	passiert während des Geistermonats?	

/14

/2

4 **a)** In welchen der folgenden Sätze sind die Unterstreichungen und Markierungen sinnvoll und in welchen nicht? Kreuze an.

b) Begründe deine Entscheidung. Notiere als Begründung, ob die richtigen Wörter / die falschen Wörter, zu wenig oder zu viel unterstrichen worden ist.

Stellt euch vor, ihr bekommt Besuch von verstorbenen Verwandten! Für die Menschen auf Taiwan nichts Neues: Während des „Geistermonats" öffnen sich die Tore zur Unterwelt – und die Taiwaner verbrennen ganze Geldscheinbündel, um sich mit ihren verstorbenen Verwandten gut zu stellen

sinnvoll ☐ nicht sinnvoll ☐

Begründung: ______________________________

____

„Geistergeld" erklärt Ning und schaut den aufsteigenden Rauchschwaden hinterher. Sie verbrennt die Papierscheine, um die Geister ihrer verstorbenen Verwandten zu besänftigen.

sinnvoll ☐ nicht sinnvoll ☐

Begründung: ______________________________

____

/2

5 Der Text lässt sich in fünf Sinnabschnitte unterteilen.

a) Ergänze die Zeilenangaben.

b) Prüfe in der folgenden Tabelle, welche der beiden Überschriften zum entsprechenden Textabschnitt passt. Kreuze an.

/5

c) Formuliere für die letzten beiden Abschnitte selbst passende Überschriften.

Abschnitt 1: Z. ___ - ___	☐ Der Geistermonat – Besuch von verstorbenen Verwandten ☐ Die Geldscheinbündel und der Weihrauch
Abschnitt 2: Z. ___ - ___	☐ Ning und der aufsteigende Rauch ☐ Geistergeld zur Besänftigung der Geister der verstorbenen Verwandten
Abschnitt 3: Z. ___ - ___	☐ Die zwei Aufgaben des Verbrennens von Geistergeld ☐ Wie Obdachlose in Taiwan kalte Nächte überstehen
Abschnitt 4: Z. ___ - ___	______ ______
Abschnitt 5: Z. ___ - ___	______ ______

/5

6 **a)** Zu welchem Zweck wurde dieser Text geschrieben? Kreuze an.

Der Text wurde von Jens Wiesner geschrieben, um ...

☐ ... andere Menschen über den Brauch in Taiwan, während eines bestimmten Monats Geldscheinbündel zu verbrennen, zu *informieren*.

☐ ... anderen Menschen eine lustige Geschichte zu erzählen und sie damit zu *unterhalten*.

☐ ... an die Menschen zu *appellieren* und sie *aufzufordern*, mit ihrem Geld sparsam umzugehen.

/1

b) Begründe deine Wahl mit Hilfe des Textes.

______

______

______

______

/2

gesamt /35

Sachtexte erschließen

Gummibärchen

Warum schmecken Gummibärchen nicht nur gut, sondern sind auch noch gesund?

So ein Mist. Verschlafen und keine Zeit zum Frühstück. Schon in der ersten Stunde knurrt der Magen. Gehirn und Muskeln machen klar, es fehlt Zucker. Der ist zwar in Schokolade reichlich vorhanden, aber die enthält auch den Dickmacher Fett. Also sind die leckeren Gummibärchen genau das Richtige. In den knuffig-kleinen Süßigkeiten steckt nämlich nicht nur der Energiespender Zucker, sondern auch ein ganz besonderes Eiweiß, die Gelatine. Eigentlich wären Gummibärchen also ein prima Nahrungsmittel, oder?

Zu viel Süßes macht dick!

Nicht so ganz, hat Professor Konrad Beyreuther in seiner Vorlesung bei der Heidelberger Kinder-Uni erklärt. Drei klitzekleine Gummibärchen enthalten nämlich fast so viel Zucker wie ein Stück Würfelzucker. Und zu viel Süßes macht bekanntlich dick und ruiniert zudem die Zähne. Es gibt sogar immer mehr Kinder, die an einer Krankheit leiden, die Zuckerkrankheit oder Diabetes heißt. Und natürlich können die Gummileckereien auch nicht die Vitamine und Ballaststoffe ersetzen, die der Körper in Obst, Gemüse oder Vollkornprodukten findet.

1 **a)** Lies die Überschrift, die Zwischenüberschriften und betrachte das Bild. Worum geht es? Kreuze an.

In dem Text ...

☐ ... geht es um den Gesundheitswert von Gummibärchen.

☐ ... geht es um die Herstellung von Gummibärchen.

☐ ... wird empfohlen, Gummibärchen als Frühstück mit in die Schule zu nehmen.

☐ ... geht es um gesunde Zähne.

b) Was erwartest du von dem Text? Notiere in Stichpunkten.

2 **a)** Lies den Text aufmerksam durch.

b) Moritz hat folgende vier Wörter gefunden, die er nicht versteht.
Markiere sie im Text und kläre anschließend ihre Bedeutung.

Gelatine, Diabetes, Vitamine, Ballaststoffe

c) Gibt es weitere schwierige Wörter oder Textstellen? Verfahre wie unter b).

3 Welche *W*-Fragen lassen sich mit Hilfe des Textes beantworten?
Ergänze folgende Tabelle.

W-Frage	Im Text beantwortet?	Antwort im Text	Abschnitt
Was fehlt dem Gehirn ohne Frühstück?			
Was ist in Schokolade außer dem Zucker noch enthalten?			
Wie werden Gummibärchen hergestellt?			
Wie heißt das besondere Eiweiß, das in Gummibärchen enthalten ist?			
Wer erklärt in dem Text, dass Gummibärchen trotzdem kein optimales Nahrungsmittel sind?			
Wie viele Gummibärchen enthalten so viel Zucker wie in einem Stück Würfelzucker enthalten ist?			
An **welcher** Krankheit leiden auch schon immer mehr Kinder?			
Warum ist zu viel Zucker schlecht?			
Was ist in Obst und Gemüse enthalten, was in Gummi-bärchen nicht drin ist?			

4 a) Zwei Wörter kommen in diesem Text besonders häufig vor, weil sie sehr wichtig sind. Schreibe diese zwei Schlüsselwörter auf.

b) Lies folgenden Satz aus dem Text und prüfe mit Hilfe der Checkliste für Schlüsselwörter, welche Variante sinnvoller markiert ist.

Variante 1:

Gehirn und Muskeln machen klar, es fehlt Zucker. Der ist zwar in Schokolade reichlich vorhanden, aber die enthält auch den Dickmacher Fett.

Variante 2:

Gehirn und Muskeln machen klar, es fehlt Zucker. Der ist zwar in Schokolade reichlich vorhanden, aber die enthält auch den Dickmacher Fett.

Checkliste: Schlüsselwörter markieren	Variante 1		Variante 2	
	Ja	Nein	Ja	Nein
Sind die wichtigen Schlüsselwörter markiert?				
Sind die wichtigen Zusatzinformationen zu den Schlüsselwörtern unterstrichen?				
Wurde nur das Wichtige markiert und unterstrichen?				
Wurde mit unterschiedlichen Markierungstechniken gearbeitet? Markierung, Unterstreichung …				

c) Welche Variante ist sinnvoller markiert? Begründe mit Hilfe der Aspekte aus der Tabelle.

d) Markiere den folgenden Textabschnitt sinnvoll. Orientiere dich an dem Beispiel unter b).

Also sind die leckeren Gummibärchen genau das Richtige. In den knuffig-kleinen Süßigkeiten steckt nämlich nicht nur der Energiespender Zucker, sondern auch ein ganz besonderes Eiweiß, die Gelatine.

5 **a)** Suche aus folgenden Zwischenüberschriften jeweils eine passende für jeden der beiden Textabschnitte aus.

Gummibärchen als Frühstücksersatz?
Ohne Frühstück fit in die Schule
Herstellung von Gummibärchen
Schokolade – das ideale Frühstück!
Zuckerfalle Gummibärchen
Die Bedeutung der Gelatine

Abschnitt 1: ______________________________

Abschnitt 2: ______________________________

b) Zu welchem der beiden Abschnitte gehören die folgenden Angaben? Notiere die Ziffern.

Gummibärchen als Zuckerspender mit Eiweiß Gelatine (1)
Gummibärchen enthalten zu viel Zucker, was schlecht für Zähne und Figur ist. (2)
Schokolade als Zuckerspender mit viel Fett (3)
Ohne Frühstück fehlt Gehirn und Muskeln Zucker. (4)
Vitamine und Ballaststoffe nur in Obst, Gemüse und Vollkornprodukten (5)

Abschnitt 1: ______________________________

Abschnitt 2: ______________________________

6 Überprüfe dein Textverständnis.

Welche der folgenden Aussagen geben den Inhalt des Textes richtig wieder? Kreuze an.	Richtig	Falsch
Schokolade und Gummibärchen liefern Zucker und sind ein idealer Frühstücksersatz.		
Zu viel Zucker erhöht das Risiko für Diabetes, ist nicht gut für die Zähne und nicht gut für die Figur.		
Gummibärchen enthalten den wichtigen Energielieferanten Zucker und wertvolles Eiweiß in Form von Gelatine und sind sehr gesund.		
Gummibärchen enthalten zwar das wichtige Eiweiß Gelatine, aber auch viel Zucker, daher sind sie als Frühstücksersatz nicht geeignet.		
Wichtige Vitamine und Ballaststoffe bekommt man am besten aus Obst, Gemüse und Vollkornprodukten.		

Sachtexte erschließen

Gummibärchen

Die Geburt eines Gummibärchens

Die Gummibärchen sind so beliebt wie Schokolade oder Lebkuchen. Fast jeder isst sie gerne – doch kaum jemand weiß, wie die kleinen Süßigkeiten eigentlich hergestellt werden. Woraus bestehen sie? Ich möchte euch hier diese Fragen beantworten.
Gummibärchen gehören zu der Spezies der Fruchtgummis. Gummi, weil sie gummiartige, elastische Kaueigenschaften haben, und Frucht, weil sie meist fruchtig schmecken.
Diese Leckereien findet man in den verschiedensten Geschmacksrichtungen, den lustigsten Formen und den schönsten Farben. Um diese zu erreichen, braucht man zur Herstellung von Fruchtgummi Glukosesirup, Zucker, Wasser, Gelatine, Fruchtsäuren, Farb- und Aromastoffe sowie Stärke.

Gips-Bärchen

Als Erstes wird eine Form des Fruchtgummis aus Gipskeramik angefertigt. Dann wird ein Kasten mit Mais- und Weizenstärke befüllt. Nun drückt man den Gipsstempel in diesen Formpuder. So entsteht die Negativform. In diese Aushöhlung wird nun die flüssige warme Gießmasse, bestehend aus Glukosesirup und Zucker, gelöster Gelatine, Säure und den richtigen Aromen und Farben gegossen. Der Kasten bleibt einige Tage stehen, bis die Gussmasse fest geworden ist. Nun werden in Deutschland aber pro Jahr nicht drei bis vier Gummibärchen, sondern an die 200.000 Tonnen verzehrt. Also stellt man nicht einen Stempel her, sondern eine Platte mit 700 bis 800 kleinen Stempeln und natürlich wird die Masse nicht von Hand eingefüllt. Man verwendet auch nicht nur einen Kasten mit Puderfüllung, sondern Tausende.

Alles maschinell

Eine Maschine drückt das Stempelbrett in den Formpuder, transportiert den Kasten mit den vielen Negativformen zur Düsenplatte, aus der die Gießmasse exakt in die Formen gegossen wird. Der mit Gießmasse gefüllte Kasten wird weitertransportiert und aufgestapelt.
Anschließend werden die Gummibärchen in den Trockenraum gefahren. Hier bleiben sie so lange stehen, bis die Fruchtgummi-Stückchen fest geworden sind, das heißt geliert und getrocknet sind. Das kann bis zu 40 Stunden dauern. In einer Maschine werden sie gedreht, fallen aus dem Kasten heraus und werden vom Formpuder getrennt und sogar abgebürstet. Um eine glänzende Oberfläche zu sichern und zu verhindern, dass die Produkte zusammenkleben, werden sie mit Öl und Bienenwachs besprüht. Später werden sie in einer sich drehenden und mit Zucker und Säure gefüllten Trommel geschleudert und anschließend verpackt.
Die fertigen Beutel werden über eine Rutsche auf ein Transportband geleitet. Bevor sie in Kartons gezählt werden, passieren sie noch zur Kontrolle ein Metallsuchgerät. Und so werden Gummibärchen geboren. Guten Appetit.

1 Lies die Überschrift und die Zwischenüberschriften. Worum geht es vermutlich in dem Text? Kreuze die richtige Antwort an.

- ☐ Gummibärchen früher und heute
- ☐ Die Herstellung von Gummibärchen
- ☐ Gummibärchen als Modeschmuck
- ☐ Der Gesundheitswert von Gummibärchen

2 Lies den Text zum ersten Mal und überprüfe deine Vermutungen. Formuliere in einem Satz deinen ersten Eindruck vom Text.

3 Luis hat folgende sieben Wörter aufgeschrieben, deren Bedeutung er nicht richtig versteht:

Spezies, elastische, Gluskosesirup, Gelatine, Stärke, Negativform, geliert

a) Suche die Wörter im Text und markiere sie.

b) Markiere auch weitere für dich schwierige Wörter.

c) Versuche, die Wörter aus dem Kontext zu erschließen, indem du jeweils den ganzen Satz genau liest. Markiere mit einem andersfarbigen Stift Hinweise auf die Bedeutung des Wortes. Orientiere dich am folgenden Beispiel von Luis (↗ Z. 25–27)

Hier bleiben sie so lange stehen, bis die Fruchtgummi-Stückchen fest geworden sind, das heißt geliert und getrocknet sind.

→ *geliert heißt also fest werden*

4 Formuliere möglichst viele *W*-Fragen zum Text und beantworte sie.

Woraus bestehen Gummibärchen?

Warum heißen sie ...

Wie ...

5 a) Judith hat die folgenden Wörter aufgeschrieben. Zwei davon sind die wichtigsten Schlüsselwörter dieses Textes. Markiere sie.

Herstellung Lebkuchen Schokolade Farben Trommel Gummibärchen

b) Arbeite nun den Text ganz durch und markiere alle Schlüsselwörter.

6 a) In wie viele Abschnitte lässt sich der Text sinnvoll einteilen? Kreuze an.

☐ in drei Abschnitte ☐ in fünf Abschnitte ☐ in sechs Abschnitte

b) Fülle die folgende Tabelle aus.
Notiere links die Zeilen der einzelnen Abschnitte.
Notiere rechts jeweils eine sinnvolle Überschrift für den Abschnitt.

Abschnitt	Zeilen	Überschrift

7 Welche der folgenden Aussagen geben den Inhalt des Textes richtig wieder? Kreuze an.

	Richtig	Falsch
In dem Text wird erklärt, warum Gummibärchen zur Spezies der Fruchtgummis gehören.		
In dem Text wird erklärt, dass Fruchtgummis etwas anderes sind als Gummibärchen.		
Der Text berichtet allgemein über die Herstellung von Süßigkeiten wie Gummibärchen, Lebkuchen und Schokolade.		
Der Text berichtet über die Herstellung von Gummibärchen.		
Bei der Herstellung von Gummibärchen wird mit einem Stempel gearbeitet, in den die Masse noch heute von Hand eingefüllt wird.		
Die Herstellung von Gummibärchen erfolgt heute maschinell mit Hilfe einer Platte mit 700–800 Stempeln.		

8 a) Was ist die Absicht dieses Textes? Kreuze an.

☐ Der Autor dieses Textes möchte eine lustige Geschichte erzählen und den Leser zum Lachen bringen.

☐ Der Autor dieses Textes möchte über etwas informieren, sodass der Leser etwas Neues lernt.

☐ Der Autor dieses Textes möchte etwas Spannendes erzählen und den Leser mit dem Text unterhalten.

b) Begründe deine Wahl mit eigenen Worten.

Diagramme erschließen

Diagramm 1

Herausfinden, worüber das Diagramm informiert

Schritt 1 ←

Herausfinden, worüber das Diagramm informiert

1 Lies die Überschrift des Diagramms und die Angaben auf der x- und der y-Achse. Schreibe auf, worüber das Diagramm informiert.

Das Diagramm informiert über/darüber ...

Die Art des Diagramms bestimmen

Schritt 2 ←

Die Art des Diagramms bestimmen

2 Welche Art von Diagramm liegt vor?

Es handelt sich um ein ...

Das Diagramm genau betrachten

→ **Schritt 3**
Das Diagramm genau betrachten

3 Welche Angaben enthalten die x- und die y-Achse?
Welche Maßeinheiten werden dabei verwendet?

4 Welche Informationen enthält die Legende?

Die Angaben im Diagramm vergleichen

→ **Schritt 4**
Die Angaben im Diagramm vergleichen

5 a) Benenne den höchsten und den niedrigsten Wert.

b) Welche Aussagen sind richtig? Schreibe die Buchstaben der richtigen Aussagen der Reihe nach in die Kästchen und du erhältst ein Lösungswort.

- Im Juni scheint die Sonne doppelt so lange wie im März. (S)
- Im Durchschnitt scheint die Sonne im August am meisten. (L)
- Im Februar scheint die Sonne genauso lange wie im Oktober. (U)
- Im März ergeben sich 4 Sonnenstunden täglich. (P)
- Es gibt keinen Monat mit weniger als 1 Sonnenstunde pro Tag. (E)
- Die Werte für November und Januar unterschieden sich. (F)
- Der Dezember ist der sonnenärmste Monat. (R)

c) Formuliere zwei weitere Informationen, die du dem Diagramm entnehmen kannst.

Das Diagramm auswerten

Schritt 5 ←

Das Diagramm auswerten

6 Ergänze die folgenden Sätze.

In dem Diagramm „Klima in Berlin“ fällt mir besonders auf, dass ...

Bemerkenswert finde ich ...

Ich hätte nicht erwartet, dass ...

7 Überlege, warum die folgenden Personen(-gruppen) oder Einrichtungen ein Interesse an den Informationen des Diagramms haben könnten.

Betreiber von Freibädern

Besitzer von Biergärten und Eisdielen

Schulklassen

Betreiber von Sonnenstudios

Diagramm 2

Lesegewohnheiten von Jugendlichen im Jahr 2009

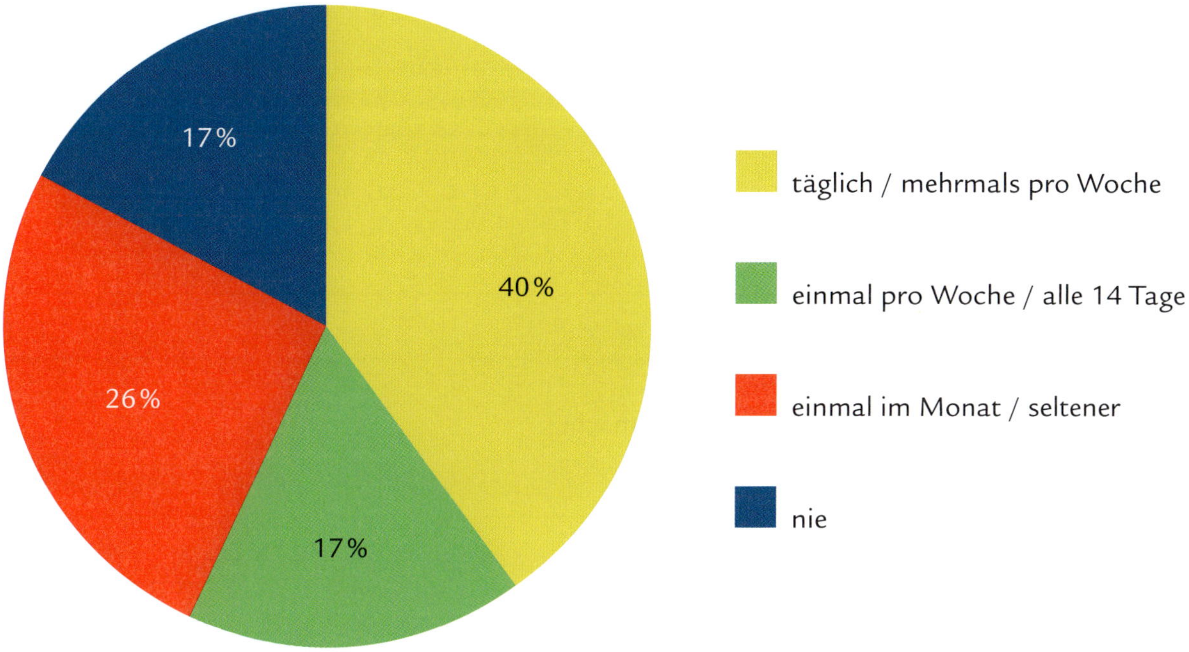

Quelle: JIM-Studie 2009, Jugendliche zwischen 12 und19 Jahren
(% = Prozent = Anteil von 100,
Beispiel: 17 % = 17 von 100 befragten Jugendlichen)

Herausfinden, worüber das Diagramm informiert

→ **Schritt 1**
Herausfinden, worüber das Diagramm informiert

1 Formuliere das Thema des Diagramms in einem Satz.

____

____

Die Art des Diagramms bestimmen

→ **Schritt 2**
Die Art des Diagramms bestimmen

2 Um welche Art von Diagramm handelt es sich?

Es handelt sich um ein … ______________________________

Das Diagramm genau betrachten

Schritt 3 ←

Das Diagramm genau betrachten
- Angaben ablesen
- Maßeinheiten berücksichtigen
- die Legende berücksichtigen

3 a) Wie alt sind die Jugendlichen, deren Lesegewohnheiten untersucht werden? Wo findest du Angaben dazu?

Die Jugendlichen sind ... ______________________________ .

Die Angaben ... ______________________________ .

b) Welche Maßeinheiten werden verwendet?

Die Angaben werden in ... ______________________________ .

Das ... ______________________________ .

c) Welche Angaben werden in der Legende gemacht?

In der Legende neben dem Diagramm wird erklärt, ... ______________________________

____

____

d) Wie ist das Diagramm aufgebaut? Ergänze den Lückentext.

In dem ______________ *mit der Überschrift* ______________

______________ *sind* ______________ *unterschiedliche Kreissegmente zu erkennen. Sie unterscheiden sich in ihrer* ______________ *und* ______________ *. Alle Werte sind in* ______________ *angegeben. In der* ______________ *, die neben dem Diagramm angeordnet ist, sind die Farben erklärt. Die Farbe Grün bedeutet beispielsweise* ______________

______________________________ .

Zusätzliche Informationen enthält der Quellenverweis. Hier erfährt man z. B. ______________

____

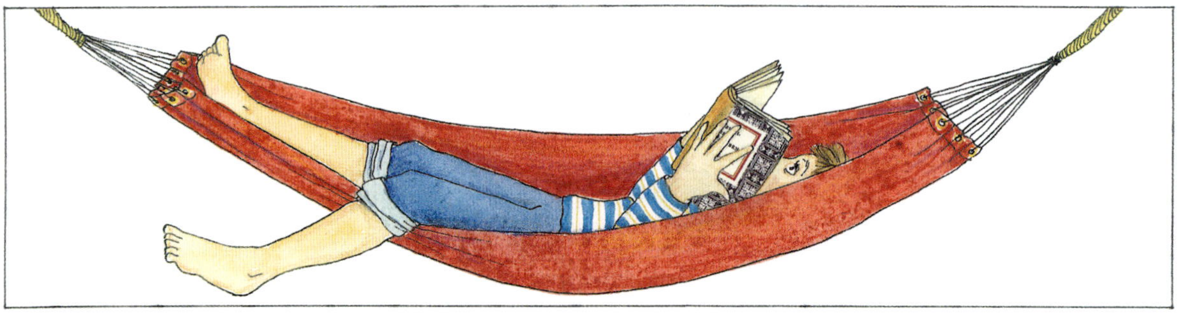

Die Angaben im Diagramm vergleichen

4 Die folgenden Aussagen sind falsch. Schreibe die richtigen Aussagen darunter.

→ **Schritt 4**
Die Angaben im Diagramm vergleichen

a) Der höchste Wert im Diagramm lautet 26 %.

b) Der Anteil an Jugendlichen, die nie lesen, ist größer als der Anteil an Jugendlichen, die einmal wöchentlich lesen.

c) Der niedrigste Wert ist 10 %.

d) Die meisten der befragten Jugendlichen lesen einmal im Monat oder seltener.

Das Diagramm auswerten

5 **a)** Überlege, wie deine Lesegewohnheiten sind. In welche Gruppe würdest du dich einordnen (*täglich/mehrmals pro Woche, …*)?

→ **Schritt 5**
Das Diagramm auswerten

b) Wie hättest du den Anteil an „*Nie-Lesern*" eingeschätzt? Findest du das Ergebnis überraschend? Begründe.

c) Welche weiteren Fragen wirft das Diagramm auf?
(Beispiel: Beziehen sich die Lesegewohnheiten nur auf Bücher oder auch auf Zeitungen usw.?)

Diagramme erschließen

Die Angabe Prozent (%) bedeutet Anteil von 100. Beispiel: 12 % der Kinder = 12 von insgesamt 100 Kindern.

1 **a)** Lies die Diagrammüberschrift, die Angaben in der x- und der y-Achse und die Legende. Worüber informiert das Diagramm? Kreuze an.

Wofür sparen Kinder?

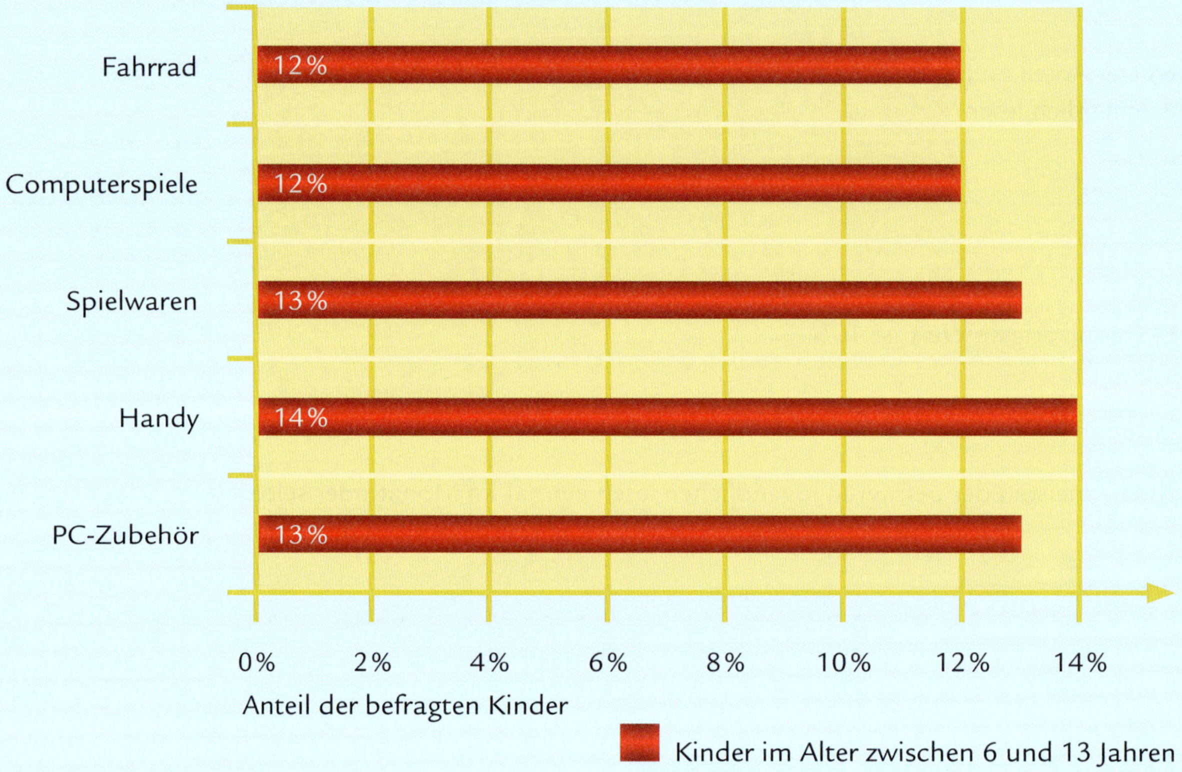

Das Diagramm informiert über ...

☐ ... die Lieblingsbeschäftigung von Kindern in ihrer Freizeit.

☐ ... die beliebtesten Dinge, für die Kinder sparen.

/1

b) Welche Formulierung passt zum Thema des Diagramms? Kreuze an.

☐ Das Kaufverhalten von Mädchen im Alter zwischen 6 und 13 Jahren

☐ Beliebte Sparanlässe von Kindern im Alter von 6 bis 13 Jahren

☐ Vergleich der beliebtesten Computerspiele

/1

2 Betrachte das Diagramm genau und kreuze an, welche der folgenden Bestandteile du findest.

☐ unterschiedliche Farben	☐ Kreissegmente	☐ Linien
☐ Balken	☐ Überschrift	☐ y-Achse
☐ x-Achse	☐ Legende	☐ Beschriftungen
☐ Zahlen/Werte	☐ Säulen	

/4

3 Wähle die passenden Formulierungen aus. Streiche falsche Angaben durch.

In dem Säulendiagramm/Balkendiagramm mit der Überschrift „Kinder im Alter zwischen 6 und 13 Jahren" / „Wofür sparen Kinder"? sind zwei/fünf unterschiedliche Linien/Balken dargestellt. Auf der y-Achse/x-Achse sind Gegenstände angegeben, für welche Kinder sparen. Auf der x-Achse/y-Achse können %-Werte abgelesen werden. Die x-Achse trägt die Achsenbeschriftung: Anteil der befragten Kinder / Alter der befragten Kinder.

/3

4 a) Vergleiche die Angaben im Diagramm.

Der höchste Wert: ______________________

Der niedrigste Wert: ______________________

Werte, die sich nur geringfügig unterscheiden: ______________________

____

Werte, die gleich sind: ______________________

____

/4

b) Markiere die richtigen Antworten.

- Wer wurde befragt? — Kinder/Erwachsene/Lehrer
- Was wurde abgefragt? — Sparsamkeit/Sparverhalten/Sparbeträge
- Welche Angaben enthält die y-Achse? — Dinge, für die gespart wird/Elektrogeräte
- Welche Angaben enthält die x-Achse? — prozentualer Anteil der befragten Kinder / Anzahl der Kinder

/4

c) Lies das Diagramm aufmerksam und kreuze die richtigen Aussagen an.

An der Befragung nahmen Kinder im Alter zwischen 6 und 13 Jahren teil.
☐ richtig
☐ falsch

Der höchste angegebene Wert lautet 13 % für Handys.
☐ richtig
☐ falsch

12 % der befragten Kinder sparen für ein Fahrrad.
☐ richtig
☐ falsch

/3

5 a) Welche der folgenden Aussagen sind zutreffend?

Computerspiele und Fahrräder sind gleichermaßen beliebt. ☐ richtig ☐ falsch

Für PC-Zubehör wird häufiger gespart als für Handys. ☐ richtig ☐ falsch

Es sparen genau so viele Kinder für PC-Zubehör wie für andere Spielwaren. ☐ richtig ☐ falsch

Handys stehen auf der Wunschliste bei Kindern ganz oben. ☐ richtig ☐ falsch

/4

b) Stelle weitere Vergleiche an. Verwende dazu die angegebenen Textbausteine.

Handy | Computerspiele | größerer Anreiz zum Sparen

Handys bieten im Vergleich zu ...

/3

Fahrräder | Handy | weniger beliebt

Fahrräder sind ...

/1

6 a) Was fällt an dem Diagramm auf?

☐ Es gibt nichts Auffälliges.

☐ Kinder sparen lieber für Handys als für Spielwaren und Fahrräder.

/1

b) Für welche Leser könnten die Informationen aus dem Diagramm von Interesse sein?

Die Informationen des Diagramms sind interessant für ...

☐ ... Verkäufer von Handys, PC-Zubehör usw.

Grund: ______

☐ ... Banken und Sparkassen.

Grund: ______

☐ ... Eltern.

Grund: ______

/6

gesamt /35

Diagramme erschließen

Verzehr von Schokoladenprodukten

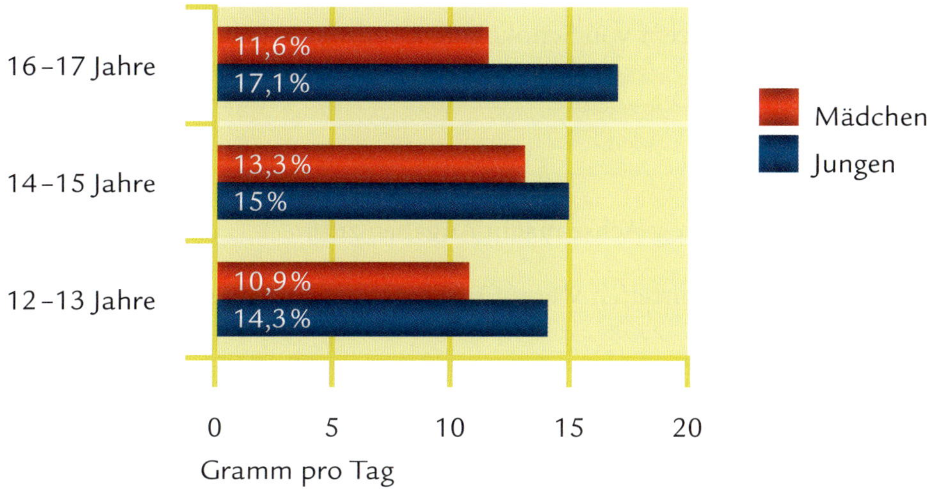

1 **a)** Lies die Überschrift des Diagramms und die Angaben auf der x- und der y-Achse. Schreibe auf, worüber das Diagramm informiert.

b) Wie muss der Satz weitergehen? Kreuze an.

Das Diagramm informiert über ...

☐ ... die Verkaufszahlen von Süßigkeiten.

☐ ... die Essgewohnheiten von Kindern.

☐ ... den Schokoladenverzehr von Jugendlichen.

c) Formuliere das Thema des Diagramms mit eigenen Worten.

2 Betrachte das Diagramm. Um welche Art von Diagramm handelt es sich?

3 Beschreibe den Aufbau des Diagramms. Ergänze dazu folgende Begriffe im Lückentext.

verzehrten Schokolade, Balkendiagramm, x-Achse, Alter, Gramm pro Tag, Jungen, Mädchen

Das Diagramm mit der Überschrift „Verzehr von Schokoladenprodukten" ist ein

______________________ . Die ________________ enthält eine Werteskala

von 0–20. Hier liest man die Menge der ______________________________ in

______________________ ab. Die y-Achse macht Angaben zum ______________ .

Die blauen Balken symbolisieren die ermittelten Werte für ______________________ .

Die roten Balken zeigen die Werte für ____________________ an.

4 Betrachte das Diagramm genau und kreuze die richtige Antwort an.

Was wird miteinander verglichen?
- ☐ der Schokoladenverzehr von Mädchen und Jungen
- ☐ der Verzehr von Schokoladenprodukten bei Kindern und Erwachsenen
- ☐ die Gewichtszunahme von Mädchen und Jungen

Wie lautet der niedrigste Wert?
- ☐ 2,9 Gramm täglich
- ☐ 14,3 Gramm täglich
- ☐ 10,9 Gramm täglich

Wie lautet der höchste Wert?
- ☐ 17,1 Gramm pro Tag
- ☐ 25,0 Gramm pro Tag
- ☐ 13,3 Gramm pro Tag

Welche Altersgruppen werden genannt?
- ☐ 12–13 Jahre, 14–15 Jahre, 16–17 Jahre
- ☐ Mädchen und Jungen im Alter von 15 Jahren
- ☐ Es werden keine Altersgruppen unterschieden.

5 Trage die richtigen Lösungsworte in das Kreuzworträtsel ein.

1 Wer verzehrt durchschnittlich die meiste Schokolade pro Tag?

2 Ergänze den Satz: Mädchen im Alter von 14–15 Jahren essen ... Schokolade als ältere Mädchen.

3 Je jünger die befragten Jungen sind, desto ... Schokolade essen sie.

4 In der Altersgruppe von 16–17 Jahren verzehren Jungen durchschnittlich etwa ... Gramm mehr Schokolade als Mädchen (aufgerundet).

5 Jungen verzehren mit 16–17 Jahren etwa ... ... mehr Schokolade als mit 12–13 Jahren (zwei Wörter).

6 Welche Informationen sind besonders auffällig? Vervollständige die Sätze.

Ich finde bemerkenswert, dass ... ________________

(Beschreibe z. B. die Entwicklung des „Schoko"-Verzehrs bei Jungen mit zunehmendem Alter.)

Ich hätte nicht erwartet, dass ... ________________

(Beschreibe z. B. die Abweichungen zwischen Mädchen und Jungen.)

7 Überlege, für welche Leser die Informationen des Diagramms nützlich sein könnten. Verwende die folgenden Angaben und schreibe folgendermaßen in dein Heft.

Die Informationen sind interessant für ... ________________ *, weil ...*

Kinderärzte: Ernährungsberatung von Jugendlichen mit Gewichtsproblemen
Ernährungsberater: auf der Suche nach Ursachen für Krankheiten bei Jugendlichen
Eltern: auf der Suche nach möglichen Gründen für die Gewichtsprobleme ihrer Kinder

Diagramme erschließen

1 Worüber informiert das folgende Diagramm? Formuliere das Thema in ein bis zwei Sätzen.

Verzehr von Schokoladenprodukten
(Gramm pro Tag)

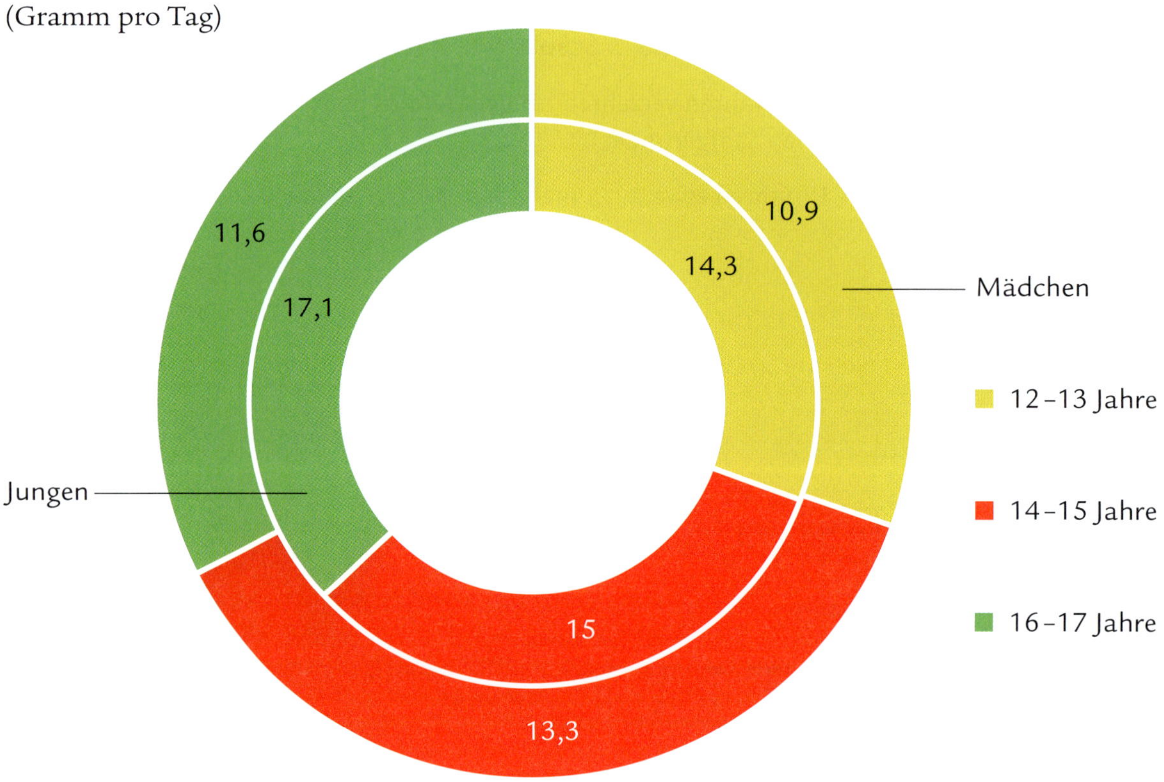

Das Diagramm informiert über ...

2 Betrachte das Diagramm genau. Um welche Art von Diagramm handelt es sich?

3 Beschreibe den Aufbau des Diagramms. Berücksichtige dabei die folgenden Punkte: *Diagrammtyp, Diagrammüberschrift, Legende und Beschriftungen, Farbgebung, Maßeinheiten*.

4 a) Lies die Werte des Diagramms ab und vergleiche sie:
höchster Wert, niedrigster Wert, ...

b) Welche Schlussfolgerungen ziehst du aus diesen Werten?
Formuliere deine Erkenntnisse.

5 a) Welche Besonderheiten fallen dir in dem Diagramm auf? (*Regelmäßigkeiten, Abweichungen, ...*)

b) Welche Angaben hättest du erwartet? Begründe deine Antwort.

c) Überlege, für welche Leser/innen die Informationen des Diagramms nützlich sein könnten.

Literarische Texte erschließen

Übungstext 1

Der Löwe, Wolf und Fuchs

nach Äsop

Ein alter Löwe lag krank in seiner Höhle; alle Tiere besuchten ihn; nur der Fuchs zögerte. Der Wolf ergriff diese erwünschte Gelegenheit, seinem Todfeind zu schaden, und brachte die harte Klage gegen ihn vor: Es sei Stolz und Verachtung, dass er seinem Herrn und König nicht den schuldigen Besuch mache.

Wie der Wolf noch so sprach, kam gerade der Fuchs dazu und vernahm aus dem Schluss der Rede, dass er verleumdet worden sei. Kaum sah er den Zorn des Löwen, als er auch schon schnell eine List bei der Hand hatte, sich zu verteidigen.

Demütig bat er den Löwen um die Erlaubnis, reden zu dürfen, und als er sie mit Mühe erhalten hatte, sprach er: „Gibt es wohl ein Tier, das mehr um das Leben unseres großmütigen Königs besorgt wäre als ich? Kaum hatte ich Kunde von Eurer Krankheit erhalten, als ich auch schon unermüdlich nach einem Mittel suchte, Eure Gesundheit herzustellen. Glücklich habe ich es vor einer Stunde gefunden."

Bei dieser Rede legte sich der Zorn des Löwen und er fragte schnell, was das für ein Mittel sei. „Hülle deinen Bauch und deine Rippen", sagte der Fuchs, „in eine frisch abgezogene, noch warme Wolfshaut, so bist du wiederhergestellt."

Erfreut ließ der Löwe dem Wolf lebendig die Haut abziehen. Dies Geschäft besorgte der Fuchs selbst und raunte dem Wolf zu: „Wie du mir, so ich dir."

Wer andern eine Grube gräbt, fällt selbst hinein.

Vermutungen über den Inhalt des Textes anstellen

→ **Schritt 1**
Vermutungen über den Inhalt des Textes anstellen

1 a) Lies die Überschrift und betrachte die Bilder des Textes. Um welche Textsorte handelt es sich vermutlich?

Vermutlich handelt es sich um eine ... ______________________ .

b) Welche Eigenschaften werden den Tieren (Löwe, Wolf und Fuchs) im Allgemeinen zugeschrieben? Wähle je drei Adjektive aus der Liste aus und ergänze die Tabelle.

Löwe	Wolf	Fuchs

schlau – böse – stark – listig – missgünstig – clever
mächtig – hinterhältig – stolz – gefährlich

c) Worum könnte es in diesem Text gehen?

Ich vermute, in der Fabel ______________ *von* ______________ *geht es um*
____

Prüfen, ob die Vermutungen zutreffen

→ **Schritt 2**
Vermutungen überprüfen

2 a) Lies die Fabel „Der Löwe, Wolf und Fuchs" ein erstes Mal.

b) Hat sich deine Vermutung bestätigt? Formuliere das Thema der Fabel in einem Satz.

____
____
____

c) Wie ist dein erster Eindruck? (Bist du z. B. nachdenklich, traurig, amüsiert, ...?)

____
____

Unbekannte Wörter klären

Schritt 3 ←

- die Bedeutung von Wörtern aus dem Zusammenhang erschließen
- nachschlagen

3 a) Lies die Fabel ein zweites Mal und kläre die Bedeutung der folgenden Wörter.

- *verleumdet (Z.):* ____________________
- *Kunde erhalten (Z.):* ____________________
- ____________________
- ____________________.

b) Findest du weitere unbekannte Wörter oder Wendungen?
Schreibe sie auf und kläre auch ihre Bedeutung.

Den Inhalt des Textes genauer untersuchen

Schritt 4 ←

- *W*-Fragen an den Text stellen
- Schlüsselwörter markieren
- Überschriften zu Abschnitten formulieren

4 Stelle *W*-Fragen zum Handlungsort, zur Handlungszeit, zu den Figuren und deren Eigenschaften, zur Handlung der Fabel und zur Absicht der Handlung. Schreibe die Fragen in dein Heft, beantworte sie und gib die betreffenden Textstellen an.

Beispiel: Welche Figuren kommen in der Fabel vor? In der Fabel werden ein alter Löwe (z. B. Z. 1), ein Wolf (Z. 2) und ein Fuchs (Z. 1) genannt.

5 Markiere in jedem Abschnitt des Textes Schlüsselwörter und wichtige Informationen.

6 a) Formuliere mit Hilfe der Schlüsselwörter für jeden Abschnitt eine Überschrift und schreibe sie in dein Heft.

b) Formuliere in jeweils 1 bis 2 kurzen Sätzen den Inhalt der Abschnitte. Schreibe in dein Heft, folge dem Beispiel.

Abschnitt 1

> Ein alter Löwe lag krank in seiner Höhle; alle Tiere besuchten ihn; nur der Fuchs zögerte. Der Wolf ergriff diese erwünschte Gelegenheit, seinem Todfeind zu schaden, und brachte die harte Klage gegen ihn vor: Es sei Stolz und Verachtung, dass er seinem Herrn und König nicht den schuldigen Besuch mache.

Die Anschuldigung:

Die Tiere statten dem kranken Löwen einen Besuch ab, nur der Fuchs fehlt.

Der Wolf behauptet, sein Todfeind, der Fuchs sei stolz und verachte den Löwen.

7 Untersuche den Aufbau der Fabel und kreuze die richtigen Formulierungen an.

Ausgangssituation:
- ☐ Der Fuchs besucht den kranken Löwen.
- ☐ Der Löwe streitet sich mit dem Wolf.
- ☐ Der Fuchs zögert seinen Krankenbesuch hinaus.

Auslöser der Handlung:
- ☐ Der Wolf macht den Fuchs schlecht.
- ☐ Der Fuchs lügt den Löwen an.
- ☐ Der Löwe wird vom Fuchs enttäuscht.

Reaktion des Betroffenen:
- ☐ Der Fuchs bittet um Vergebung.
- ☐ Der Wolf fordert eine Bestrafung des Fuchses.
- ☐ Der Fuchs überlegt sich eine List.

Ergebnis der Handlung:
- ☐ Der Wolf wird bestraft.
- ☐ Der Löwe wird gesund.
- ☐ Die List des Fuchses wird aufgedeckt.

8 **a)** Kreuze an, ob es sich um einen Ich- oder einen Er-/Sie-Erzähler handelt.

☐ ein Er-/Sie-Erzähler ☐ ein Ich-Erzähler

b) Begründe.

9 Wie lautet die Lehre, die aus der Fabel gezogen werden soll? Markiere sie im Text und erkläre sie mit deinen eigenen Worten.

Über den Text nachdenken

) Beantworte die folgenden Fragen schriftlich in deinem Heft.

→ **Schritt 5**
Über den Text nachdenken

a) Wie hat dir die Fabel gefallen? Begründe deine Meinung.

b) Bist du der Meinung, dass der Wolf eine gerechte Strafe bekommen hat?

c) Kennst du ein persönliches Erlebnis, das mit der Fabel vergleichbar ist? Berichte.

Übungstext 2

Das Traumnest

von Patricia Koelle

„Du darfst noch mal zum Strand gehen, Daniel“, sagte Mama nach dem Abendessen. „Aber nur bis zu der schiefen Palme.“ Die schiefe Palme war Daniels Lieblingsplatz. Sie war so schief, dass man auf ihrem Stamm sitzen und mit den Beinen baumeln konnte wie auf einem Schaukelpferd. Es waren Daniels erste Sommerferien. Danach würde er in die zweite Klasse kommen. Daniels Papa fand, dass die ersten Sommerferien etwas ganz Besonderes sind. Deswegen hatten sie in diesem Jahr eine weite Reise gemacht, in ein Land, in dem das Wasser im Meer so warm war wie in der Badewanne zuhause. Außerdem gab es da so viele Sterne am Himmel, dass es Daniel ganz schwindlig wurde, wenn er nach oben guckte.

Die Sonne fing gerade an, rot zu werden und unterzugehen, da sah Daniel von seinem Sitzplatz auf der Palme aus etwas sehr Großes, Dunkles aus den Wellen auftauchen. Es wurde immer größer. Ganz langsam krabbelte es an Land. Daniel vergaß vor Schreck beinahe zu atmen. Was, wenn es ein Seeungeheuer war? Aber als es näher kam, fürchtete er sich nicht mehr. Oder höchstens ein bisschen. Das war ja eine Schildkröte! Er kannte Schildkröten, denn seine Tante hatte eine, die er manchmal mit Salat füttern durfte. Die war aber nur so groß wie seine Hand. Diese hier war so groß, dass Daniel darauf hätte reiten können. Ob sie doch gefährlich war? Eigentlich sah sie nur sehr müde aus. Daniel sprang von der Palme und ging vorsichtig auf die Schildkröte zu.

„Hallo, ich bin Thea“, sagte diese leise. Daniel staunte. „Warum kannst du sprechen?“, fragte er. „Ich bin über hundert Jahre alt“, sagte sie, „ich habe schon sehr viele Menschen getroffen. Außerdem lernt man viel, wenn man so lange lebt.“ „Bist du deswegen so müde?“, wollte Daniel wissen. „Ja, wahrscheinlich“, sagte Thea. „Bist du jemand, der ein Geheimnis bewahren kann?“ „Ich verpetze nie jemanden“, versicherte Daniel. „Das ist gut“, meinte Thea. „Ich muss nämlich ein tiefes Loch graben, in das ich meine letzten Eier legen kann. Aber das ist sehr schwer, wenn man so alt und so langsam ist. Könntest du mir wohl helfen?“ „Klar helf ich dir.“ Daniel suchte sich eine große Muschelschale und fing mit aller Kraft an, ein Loch in den Sand zu buddeln. „Wunderbar“, sagte Thea. „Es könnte nur noch ein bisschen größer sein. Damit meine Kinder auch wirklich in Sicherheit sind. Wir wollen ja nicht, dass eine Möwe sie findet. Oder ein Waschbär. Es gibt sogar Menschen, die Schildkröteneier essen, wenn sie sie finden.“ Daniel musste ganz schön schwitzen. Er wusste jetzt, warum Thea Hilfe gebraucht hatte. Als das Loch endlich tief genug war, drehte sie sich mühsam um, und Daniel durfte zusehen, wie lauter runde weiße Eier unter ihrem Schwanz hervorrollten, eines nach dem anderen, und in das Loch kullerten.

„Fertig“, schnaufte Thea nach einer ganzen Weile. „Jetzt bin ich aber froh. Du hast eine Belohnung verdient. Leider kannst du nicht auf mir reiten. Das schaffe ich nicht mehr. Ich bin alt, und du bist schon ein ziemlich großer Junge. Lass mich nachdenken!“ Weil Schildkröten nicht die Stirn runzeln können, schloss sie zum Nachdenken die Augen. Sie dachte sehr lange nach. Schildkröten haben viel Zeit. Es war schon beinahe dunkel. Daniel hoffte, dass sein Vater nicht zu sehr schimpfen würde, weil er so spät nach Hause kam.

„Hast du einen Traum?“, fragte Thea schließlich. „Was denn für einen Traum?“, fragte Daniel. „Zum Beispiel einen ganz besonderen Wunsch, der sich erfüllen soll, wenn du groß bist. Vielleicht möchtest du einmal um die Welt segeln oder träumst du davon, Musik zu machen und alle hören dir zu. Oder du würdest gern Astronaut werden und zum Mars fliegen. Vielleicht möchtest du auch einfach nur einen Hund haben. Aber du darfst den Traum nicht verraten.“ Daniel dachte nach. Doch, da wusste er etwas. „Gut“, sagte Thea, „dann wirf den Traum zu den Eiern in das Loch.“ Daniel fand das merkwürdig, aber er wollte nicht unhöflich sein. Also dachte er sich seinen Traum in seine Hände und warf ihn in das Loch. Natürlich konnte man ihn nicht sehen.

„Und nun mach das Loch vorsichtig wieder zu, sodass niemand sieht, dass hier jemand gebuddelt hat“, sagte Thea. Daniel schob den ganzen Sand behutsam wieder in das Loch. Danach fegte er mit einem Palmenwedel darüber, damit man die Spuren seiner Finger nicht sah. Und dann streute er noch ein paar kleine Muscheln darauf, so wie sie überall herumlagen. Jetzt war nichts mehr zu sehen. Nur Thea und er wussten von dem Geheimnis.

Langsam wurde er auch müde. Er konnte kaum noch die Augen offen halten. „Nun können meine Kinder in den Eiern wachsen, jeden Tag ein Stück, und dein Traum wächst mit ihnen“, erklärte Thea. „Wenn sie alle groß genug sind, schlüpfen sie aus. Dann krabbeln sie und der Traum zusammen aus dem Sand und ins Meer.“ „Und was machen sie da?“, fragte Daniel neugierig. „Dort lernen sie schwimmen und eine Menge anderer Dinge. Vor allem aber wachsen sie jedes Jahr ein Stück, so wie du“, erklärte Thea. „Viele Menschen vertrauen dem Meer ihre Träume an. Aber die meisten davon gehen dort verloren, weil die Menschen sie vergessen und nie wieder abholen. Dann hören sie auf zu wachsen und verschwinden. Aber mit deinem Traum wird das anders sein.“ „Warum denn?“, wollte Daniel wissen. „Weil eines meiner Kinder immer bei ihm sein wird. Schildkröten sind klug, auch wenn sie noch klein sind. Sie werden ihm den Weg weisen und ihn beschützen. Und eines Tages, wenn du ganz erwachsen bist und an einem Meer stehst, wird dein Traum dich wiederfinden. Dann wird er groß und stark genug sein, um dich tragen zu können. Und bis dahin kann ihm nichts geschehen.“ Thea schob sich schwerfällig zurück ins Wasser. „Da kannst du ganz sicher sein. Du hast mein Wort, und das Wort einer großen alten Schildkröte wiegt eine Menge. Mach’s gut, Daniel.“

Daniel wartete noch, bis Thea ganz untergetaucht war. Dann rannte er schleunigst los, denn jetzt war es schon sehr dunkel und etwas unheimlich, und er hörte seinen Vater rufen. Das Meer war ganz still geworden. Die Wellen waren beinahe eingeschlafen. Nur ein leuchtendes Glühwürmchen bewegte sich noch am Strand unter der Palme. Tief im Sand schliefen die Eier und Daniels Traum und warteten auf die Sonne, die sie ausbrüten würde.

Vermutungen über den Inhalt des Textes anstellen

Schritt 1 ←

Vermutungen über den Inhalt des Textes anstellen

1 a) Lies die Überschrift und betrachte die Bilder. Um was für eine Textsorte könnte es sich handeln? Kreuze an.

☐ Märchen ☐ Roman ☐ Fabel ☐ Erzählung ☐ Gedicht

b) Worum könnte es in der Geschichte gehen? Notiere.

____

____

Prüfen, ob die Vermutungen zutreffen

Schritt 2 ←

Vermutungen überprüfen

2 a) Lies den Text ein erstes Mal und prüfe, ob deine Vermutungen richtig waren.

b) Welche der Formulierungen gibt das Thema des Textes treffend wieder?

„Das Traumnest“ von Patricia Koelle ...

☐ ... erzählt von einem Jungen, der einer Schildkröte einen Traum anvertraut.

☐ ... erzählt von einem Jungen, der von einer Schildkröte träumt.

☐ ... erzählt von dem Traum einer Schildkröte.

c) Wie ist dein erster Eindruck von der Geschichte? Unterstreiche die passenden Adjektive.

langweilig, zauberhaft, beruhigend, aufregend, abenteuerlich, schön, schlecht, aggressiv, unwirklich, nichts sagend, tröstend, ermutigend, ereignisreich, gefahrvoll, fantastisch, trostreich, wundervoll

d) Begründe kurz deine Auswahl.

____

____

____

Unbekannte Wörter und Textstellen klären

3 a) Lies die Erzählung ein zweites Mal.

b) Suche die folgenden Textstellen, markiere sie und ordne ihnen die jeweils passende Bedeutung zu.

Sie werden ihm den Weg weisen. (Abschnitt ____ , Zeile ____)	☐ Sie werden ihm den Weg zeigen. ☐ Sie sind weise und klug und kennen den Weg.
Das Wort einer großen alten Schildkröte wiegt eine Menge. (Abschnitt ____ , Zeile ____)	☐ Was die Schildkröte sagt, ist besonders wichtig. ☐ Man kann sich auf ein Versprechen der Schildkröte verlassen.
Die Wellen waren beinahe eingeschlafen. (Abschnitt ____ , Zeile ____)	☐ Es ist kaum ein Wellengang zu hören und zu sehen. ☐ Die Wellen schlagen an das Ufer.

→ **Schritt 3**
- die Bedeutung von Wörtern aus dem Zusammenhang erschließen
- nachschlagen

Den Inhalt des Textes genauer untersuchen

4 Bestimme, ob es sich um einen Ich- oder einen Er-/Sie-Erzähler handelt und begründe.

____

5 Auf welche *W*-Fragen beziehen sich die folgenden Antworten? Ordne jeweils die passenden Ziffern zu.

Die Geschichte spielt an einem einsamen Strand. (____)	Wer? (____)	(1) Handlungsort
Daniel begegnet der Schildkröte Thea. (____)	Was? (____)	(2) Zeit des Geschehens
Thea ist zu alt, um ihr Nest selbst zu graben. (____)	Wann? (____)	(3) Grund der Handlung
Es ist früh am Abend. (____)	Wo? (____)	(4) beteiligte Personen/ Figuren
Daniel gräbt für Thea ein Nest. (____)	Warum? (____)	(5) Ablauf des Geschehens

→ **Schritt 4**
- *W*-Fragen an den Text stellen
- Schlüsselwörter markieren
- Überschriften zu Abschnitten formulieren

6 a) Unterteile den Text in 7 Abschnitte und fasse wichtige Inhalte abschnittsweise zusammen.

b) Tim hat im folgenden Textabschnitt mehrere Wörter markiert und eine Überschrift formuliert. Welche Wörter erscheinen dir als Schlüsselwörter sinnvoll? Kreuze an.

Überschrift: Das „scheinbare" Seeungeheuer

Die Sonne [____] fing gerade an, rot zu werden und unterzugehen, da sah Daniel von seinem Sitzplatz auf der Palme aus etwas sehr Großes [____], Dunkles aus den Wellen auftauchen. Es wurde immer größer. Ganz langsam krabbelte es an Land. Daniel vergaß vor Schreck [____] beinahe zu atmen. Was, wenn es ein Seeungeheuer [____] war? Aber als es näher kam, fürchtete er sich nicht mehr. Oder höchstens ein bisschen. Das war ja eine Schildkröte [____]! Er kannte Schildkröten, denn seine Tante hatte eine, die er manchmal mit Salat füttern durfte. Die war aber nur so groß wie seine Hand. Diese hier war so groß, dass Daniel darauf hätte reiten können. Ob sie doch gefährlich [____] war? Eigentlich sah sie nur sehr müde [____] aus. Daniel sprang von der Palme und ging vorsichtig auf die Schildkröte zu.

Über den Text nachdenken

Schritt 5 ←
Über den Text nachdenken

7 Wie hat dir die Erzählung gefallen? Begründe kurz.

Die Geschichte „Das Traumnest" von Patricia Koelle ...

☐ *... hat mir gefallen, weil ...* ______________________________

______________________________.

☐ *... hat mich nicht angesprochen, weil ...* ______________________________

______________________________.

8 a) Welche Absichten könnte die Autorin der Erzählung verfolgen?

☐ Die Autorin möchte den Leser über Meeresschildkröten informieren.

☐ Die Autorin möchte die Fantasie der Leser ansprechen.

☐ Die Autorin möchte die Leser dazu ermutigen, an ihre Träume zu glauben.

☐ Die Autorin möchte dem Leser eine Lehre/Moral übermitteln.

b) Begründe deine Auswahl in Stichworten in deinem Heft.

Teste dich!

Literarische Texte erschließen

1 **a)** Lies den folgenden Text.

Eine dumme Geschichte

von Franz Hohler

Eine Sau erhielt einmal Besuch, und zwar von einem Stroh.

„Hallo, Stroh!“, sagte die Sau, die gerade mit der Schnauze im Trog wühlte.

„Was führt dich zu mir?“

„Eine Beleidigung“, sagte das Stroh mit piepsender Stimme, „eine unerträgliche, dauernde Beleidigung!“

Erschrocken blickte die Sau von ihrem Imbiss auf.

„Ich soll dich beleidigt haben?“, fragte sie. „Das täte mir leid.“

„Nein“, krähte das Stroh, „du und ich, wir werden täglich beleidigt! Wenn die Menschen jemandem sagen wollen, er sei besonders dumm, sagen sie entweder strohdumm oder saudumm!“

Die Sau hörte auf zu kauen. „Und was willst du dagegen tun?“, fragte sie.

„Darüber habe ich lange nachgedacht“, sagte das Stroh stolz, „und jetzt weiß ich es. Wir schlagen den Menschen einfach ein neues Wort vor.“

„Aha“, sagte die Sau, „und was für ein Wort?“

Das Stroh holte ganz tief Luft und sagte dann: „Steindumm.“

Die Sau wackelte nachdenklich mit den Ohren. „Ich weiß nicht“, sagte sie, „damit würde einfach jemand anderer beleidigt.“

„Einem Stein kann das egal sein“, giftelte das Stroh, „der ist doch steindumm.“

„Nein“, sagte die Sau, „ich mache nicht mit. Sollen die Menschen sagen, wie sie wollen.“

„Gut“, sagte das Stroh trotzig, „dann mache ich den Vorschlag allein – wenn du so saudumm bist.“ Und es machte sich sogleich auf den Weg.

Aber es war keine zwei Schritte gegangen, da fiel aus dem Schweinestall ein Stein herunter und schlug es tot.

Die Sau schüttelte den Kopf. „Das kommt davon“, sagte sie und senkte die Schnauze wieder in den Trog, „das kommt davon, wenn man so strohdumm ist.“

b) Um welche Textsorte handelt es sich. Kreuze an.

/1

☐ Märchen ☐ Roman ☐ Fabel ☐ Erzählung ☐ Gedicht

c) Begründe in mindestens drei Stichworten.

____

____

____

/3

2 Lies den Text zum zweiten Mal.

a) Welche *W*-Fragen beziehen sich auf welche Aspekte? Verbinde.

Figuren		Was?
Handlungsort		Warum?
Handlungszeit		Wer?
Handlung		Wo?
Absicht der Handlung		Wann?

/5

b) Lies die folgenden Antworten und schreibe die passenden *W*-Fragen dazu auf.

____ ?

im Schweinestall

____ ?

eine Sau und ein Stroh

____ ?

Das Stroh schlägt den Menschen vor, die Ausdrücke „saudumm“ und „strohdumm“ in „steindumm“ umzubenennen.

____ ?

/8

Das Stroh möchte etwas gegen die Beleidigung durch die Menschen unternehmen.

3 Der Text lässt sich in fünf Abschnitte unterteilen.

a) Ergänze die Zeilenangaben. /5

b) Welche der beiden Überschriften passt zum jeweiligen Abschnitt? Kreuze an.

Abschnitt 1: Z. ___ - ___	☐ Das Stroh beleidigt die Sau ☐ Ein Stroh auf Besuch im Schweinestall
Abschnitt 2: Z. ___ - ___	☐ Der Vorschlag ☐ Der Ideenaustausch
Abschnitt 3: Z. ___ - ___	☐ Die Zustimmung der Sau ☐ Die ablehnende Reaktion der Sau
Abschnitt 4: Z. ___ - ___	☐ Der Alleingang des Strohs und sein Tod ☐ Mord im Schweinestall
Abschnitt 5: Z. ___ - ___	☐ Die Schlussfolgerung der Sau ☐ Die Trauer der Sau

/5

4 Welche Aussagen über die Erzählform treffen zu? Kreuze an.

☐ Die Geschichte wird aus dem Blickwinkel der Sau erzählt. Sie schildert das Geschehen aus ihrer persönlichen Sicht.

☐ Die Geschichte wird von einem Er-/Sie-Erzähler erzählt, der über dem Geschehen steht. /1

5 Zeige auf, inwiefern es sich bei diesem Text um eine moderne Fabel handelt.

a) Untersuche die Eigenschaften der handelnden Figuren und vergleiche sie mit denen typischer Fabel-Figuren.

/2

b) Untersuche die Handlung und vergleiche sie mit der Handlung einer typischen Fabel.

/2

gesamt /32

Wiederholen und vertiefen

Literarische Texte erschließen

1 **a)** Lies die Überschrift und den ersten Satz des folgenden Textes.

Die drei Wünsche

Es war einmal ein Holzfäller, der lebte zusammen mit seiner Frau glücklich und zufrieden in einem kleinen Holzhäuschen mitten in einem großen Wald. Als er einmal gerade eine große Tanne fällen wollte, sah er plötzlich aus einem der Astlöcher das ängstliche Gesicht eines Kobolds hervorlugen: „Was höre ich da? Du willst doch wohl nicht diesen Baum fällen? Das ist mein Haus, hier lebe ich! [...] Wir wollen es so machen: Du fällst den Baum nicht, und ich erfülle dir dafür drei Wünsche! Bist du einverstanden?“ Der Mann kratzte sich am Kopf: „Drei Wünsche, sagst du? In Ordnung!“ Und der Holzfäller begann, einen anderen Baum zu bearbeiten.

Am Abend erzählte er seiner Frau von der Begegnung im Wald. Sie begannen, sich ihren Wohlstand und ihr Glück auszumalen, und ließen es sich mit einer Flasche Wein gut gehen. „Köstlich!“, rief die Frau aus und schnalzte mit der Zunge. „Dazu hätte ich jetzt gerne ein paar Würste ...!“ Sie unterbrach sich sofort und biss sich auf die Zunge, aber zu spät! Der Holzfäller, der zu seiner Verblüffung die Würste vor sich auf dem Tisch liegen sah, konnte vor Wut nur stammeln: „Was hast du getan! Du hast einen Wunsch vergeudet! O Frau, wie dumm du bist!“

Und mit wachsendem Zorn fuhr er fort: „Diese verdammten Würste! Ich wollte, du hättest sie an der Nase hängen!“ Das hätte er nicht sagen dürfen: Bei diesen Worten kam Leben in die Würste, die der Frau an die Nase sprangen und dort hängen blieben. Die Frau war außer sich vor Zorn: „Was hast du nur getan! Du hast einen weiteren Wunsch vergeudet! Du bist ein unglaublicher Dummkopf! Was hätten wir uns alles wünschen können.“

Da brach der arme Mann in ein schallendes Gelächter aus: „Wenn du wüsstest, wie lächerlich du aussiehst mit den Würsten, die an deiner Nase hängen!“ Mit beiden Händen versuchte nun die Frau, sich die Würste von der Nase zu reißen, aber vergebens. Die Würste blieben, wo sie waren.

[...]

Schließlich fand der Mann den Mut für den dritten Wunsch: „Ich will, dass sich die Würste von der Nase meiner Frau lösen!“ Sogleich wurde sein Wunsch erfüllt, und Mann und Frau umarmten sich weinend. „Wir werden zwar arm bleiben, aber wieder so glücklich sein wie vorher!“

Weil von der wundersamen Begegnung mit dem Kobold nur die Wurstkette übrig geblieben war, fiel ihnen nichts Besseres ein, als sie zu braten und zu essen.

b) Um welche Textsorte handelt es sich vermutlich? Kreuze an und begründe deine Entscheidung.

☐ Roman ☐ Gedicht ☐ Märchen ☐ Fabel ☐ Erzählung

____

____

c) Betrachte nun das Bild. Worum könnte es in dem Text gehen? Kreuze an.

In dem Text könnte es gehen um ...

☐ ... ein Holzfällerpaar, das durch drei Wünsche aus der Armut gerettet wird.

☐ ... ein Holzfällerpaar, das drei Wünsche frei hat und sie vergeudet.

☐ ... ein Holzfällerpaar, das gern Wein trinkt und Würste isst.

2 Lies das Märchen „Die drei Wünsche“ ein erstes Mal aufmerksam.

a) Prüfe, ob deine Vermutungen richtig waren.

b) Fasse den Inhalt des Märchens in wenigen Sätzen und mit deinen eigenen Worten zusammen.

____

____

____

____

3 Lies das Märchen zum zweiten Mal.

a) Markiere Wörter, die du nicht verstehst, und schwierige Textstellen.

b) Lies den Zusammenhang, in dem jedes Wort vorkommt, aufmerksam durch und versuche, die Bedeutung auf diese Weise zu erschließen.
Schlage, wenn nötig, in einem Wörterbuch nach oder nutze das Internet.

c) Ron hat die folgenden unbekannten Wörter markiert:

der Kobold (Z. ______) der Wohlstand (Z. ______) die Verblüffung (Z. ______)

vergeuden (Z. ______) vergebens (Z. ______) die Wurstkette (Z. ______)

Suche die Wörter im Text und schreibe die Zeile dahinter.

d) Schreibe die schwierigen Wörter zu den passenden Erklärungen in die Tabelle.

Schwieriges Wort	Erklärung
	mehrere Würste, die aneinanderhängen
	der Reichtum
	eine kleine Figur im Märchen, die den Menschen oft Streiche spielt
	ohne Erfolg
	verschwenden
	die Überraschung

4 a) Zu welchen Aspekten ist es sinnvoll, *W*-Fragen zu stellen, um den Inhalt zu erschließen? Kreuze an.

- ☐ Handlungsort
- ☐ Handlungszeit
- ☐ Schriftart
- ☐ Figuren
- ☐ Schriftfarbe
- ☐ Handlung
- ☐ Absicht der Handlung / des Textes
- ☐ Leben des Autors

b) Welcher Aspekt wird durch die jeweilige Frage abgedeckt? Trage ihn in die Tabelle ein.

Aspekt	*W*-Frage
	Wo ereignet sich die Geschichte?
	Welche Personen bzw. Figuren sind beteiligt?
	Wann ...
	Was passiert, als ...
	Warum ...

c) Beantworte die Fragen schriftlich in deinem Heft.

5 Luis hat im ersten Abschnitt (Z. 1–7) folgende Schlüsselwörter markiert:

Es war einmal ein Holzfäller, der lebte zusammen mit seiner Frau glücklich und zufrieden in einem kleinen Holzhäuschen mitten in einem großen Wald. Als er einmal gerade eine große Tanne fällen wollte, sah er plötzlich aus einem der Astlöcher das ängstliche Gesicht eines Kobolds hervorlugen: „Was höre ich da? Du willst doch wohl nicht diesen Baum fällen? Das ist mein Haus, hier lebe ich! [...] Wir wollen es so machen: Du fällst den Baum nicht, und ich erfülle dir dafür drei Wünsche! Bist du einverstanden?“ Der Mann kratzte sich am Kopf: „Drei Wünsche, sagst du? In Ordnung!“ Und der Holzfäller begann, einen anderen Baum zu bearbeiten.

a) Wähle eine geeignete Überschrift für den ersten Abschnitt aus.
Abschnitt 1 (Z. 1–7)

☐ Begegnung im Wald ☐ Das Leben in Armut ☐ Der wütende Kobold

b) Fasse mit Hilfe der Schlüsselwörter den Inhalt des Abschnitts kurz zusammen.

Ein Holzfäller und seine Frau leben glücklich und zufrieden. ...

c) Den Rest des Textes kannst du in vier weitere Abschnitte unterteilen.
Markiere sie im Text und trage die Zeilen ein.

Abschnitt 2 (Z. ____ – ____)

Überschrift: ______________________

Abschnitt 3 (Z. ____ – ____)

Überschrift: ______________________

Abschnitt 4 (Z. ____ – ____)

Überschrift: ______________________

Abschnitt 5 (Z. ____ – ____)

Überschrift: ______________________

d) Formuliere nun auch passende Überschriften für die Abschnitte 2–5 und trage sie unter Aufgabe c) ein.

e) Markiere in ähnlicher Weise wie oben in Abschnitt 1 in den vier weiteren Abschnitten die Schlüsselwörter und wichtigen Informationen.

f) Fasse den Inhalt der letzten vier Abschnitte in Stichpunkten in deinem Heft zusammen.

6 **a)** Aus welcher Sicht wird das Märchen erzählt? Kreuze an.

Das Märchen wird erzählt aus der Sicht ...

☐ ... eines Ich-Erzählers. ☐ ... eines Er-/Sie-Erzählers.

b) Schreibe den ersten Abschnitt in deinem Heft um in eine Ich-Erzählung aus der Sicht des Holzfällers.

7 Welche Rolle spielt der „Appetit" in diesem Märchen?

8 Wie beurteilst du das Verhalten des Ehepaars?

9 Geht das Märchen gut aus? Begründe deine Entscheidung.

10 Welche Lehre könnte man aus diesem Märchen ziehen?
Kreuze an oder formuliere eine eigene Lehre.

Das Märchen „Die drei Wünsche" lehrt uns, dass ...

☐ ... Bescheidenheit glücklich macht.

☐ ... man gut überlegen soll, wenn man drei Wünsche frei hat.

☐ ... aus der Armut kein Weg herausführt.

Literarische Texte erschließen

1 **a)** Lies die Überschrift und den ersten Satz des folgenden Textes.

Der süße Brei

von Janosch

Es war einmal ein Mädchen, das lebte mit seiner Mutter allein und in Armut, denn die Mutter hatte keinen Mann. Und als sie einmal nichts mehr zu essen hatten, ging das Mädchen in den Wald.

„Vielleicht werde ich Pilze finden", sagte es, „oder Beeren, oder ich treffe die Zauberwaldfee, und sie schenkt mir einen Topf, der immer kocht, und die Speise geht nie zu Ende."

Im Wald aber waren keine Pilze, nur etliche giftige. Es wuchsen dort auch keine Beeren. Doch das Mädchen traf die Zauberwaldfee, und die gab ihm einen Topf.

Sie sagte: „Wenn du sagst: ‚Töpfchen geh!', dann fängt der Topf an, einen süßen Brei zu kochen, so viel du willst, ohne dass du etwas hineintust, und es hört erst auf, wenn du sagst: ‚Töpfchen steh!' Aber vergiss es nicht: ‚Töpfchen steh!' "

Das Mädchen freute sich, denn süßer Brei war zufällig auch seine Leibspeise. Es brachte den Topf nach Haus, und auch die Mutter freute sich, denn süßer Brei macht schön satt. Und von da an hatten sie wenigstens süßen Brei zu essen.

Als sie nun immer satt waren, fielen ihnen bald andere Wünsche ein. Die Mutter wünschte sich einen Mann zum Gemahl.

Werden erst mal zwei satt, auch ein dritter noch was hat, sagt ein Sprichwort, und so nahm die Mutter sich einen Gemahl.

Das Töpfchen kochte und kochte, so viel sie nur wollten. Und die drei wurden gut satt, sodass das Mädchen jetzt auch einen Mann zum Gemahl wollte und sagte: „Werden erst mal dreie satt, auch ein vierter noch was hat."

Da sie keine Not litten und keine Sorgen mehr hatten, war die Mutter nicht dagegen, und die Tochter heiratete einen schönen dicken Jungen. Sie hatten alle vier genug zu essen und ließen den Topf kochen, solange es ihnen gefiel. Sagten sie: „Töpfchen steh!", hörte es auf.

Bald sagte der Mann zur Mutter: „Schade ist es um den schönen vielen Brei, den wir kochen könnten, wenn wir wollten, den wir aber nicht essen können, weil wir schon satt sind. Wir sollten ihn verkaufen."

Und das taten sie. Weil der Brei süß war und gut schmeckte – er brauchte auch nicht nachgezuckert zu werden, ja, es erwies sich sogar, dass er jedem genau so schmeckte, wie er ihn am liebsten mochte –, weil der Brei also so gut war, verkauften sie viel davon.

Das Töpfchen aber kochte und kochte.

„Der Topf ist ja eine Goldgrube“, sagte der schöne dicke Junge, den die Tochter geheiratet hatte. „Wir werden eine Breikonservenfabrik aufmachen und die Konserven in Paketen überall hinschicken. Da werden wir reich.“

Und das taten sie auch. Sie ließen den Topf Tag und Nacht kochen und verkauften den Brei in die Stadt, auf das Land und ins Ausland.

Und sie wurden immer reicher.

Sie bauten eine Fabrik, bauten sich eine Villa mit allen Schikanen: Zentralheizung, Klinkerziegeln, Fensterbänken aus Marmor. Sie kauften sich afghanische Teppiche und für jeden einen Schaukelstuhl, kauften französische Betten und polierte Möbelstücke, kauften raffinierte Kleider nach der neuesten Mode, weiche Polstersessel, kurz, fast alles, was ihnen einfiel.

Als das Haus zu klein dafür wurde, bauten sie noch eines daneben.

Bald wollte die Mutter einen Nutria-Pelzmantel. Dafür wollte die Tochter einen Breitschwanz und einen Nerz, und so ging das immer weiter. Sie hielten sich teure Pudelhunde, die vom Hundefriseur gepudert und frisiert und obendrein parfümiert wurden wie Tänzerinnen.

Und jeder von den vieren bekam ein eigenes Auto.

Als sie alles hatten, was es gab, die Männer in Kamelhaarmänteln herumliefen und die Frauen sich ondulieren und pediküren ließen, fiel ihnen kein Wunsch mehr ein. Da fingen sie an, Golf und Bridge zu spielen, um die Zeit totzuschlagen. Sie liefen auch in die Operette und ins Kabarett, den Topf ließen sie kochen und kochen. Der Brei wurde von zwei Männern in Dosen gepackt, von drei Männern in Pakete verschnürt und auf Lastwagen verladen.

Indes wurden die vier immer reicher. Bald kauften sie sich ein Haus an der Riviera und eines in Alicante. Aber auch eines in Kitzbühl, 2000 Meter über dem Meeresspiegel, und zwei Grundstücke in Kanada und ein Apartment in Rom. Das Töpfchen kochte und kochte, sie hatten das Zauberwort längst vergessen. Das wäre auch nicht schlimm gewesen – aber eines Tages waren fast alle Leute auf der Welt satt von dem Brei und da geschah es, als die vier an einem Nachmittag im Wohnzimmer saßen, Cocktail tranken und Nüsse knabberten, dass durch die Wohnzimmertür der Brei hereinkam. Zuerst spürte das Mädchen etwas Warmes im Rücken. Als sie sich umdrehte, war es schon zu spät.

Der Brei hatte die Tür verstopft, und nun kam er auch schon durch das Fenster herein.

„Das ist doch nicht schlimm“, sagte das Mädchen, „wir sagen einfach das Zauberwort, dann hört er auf zu kochen.“

„Na los!“, rief der Mann. „Sag es schon, es ist dein Topf. Und beeile dich, der Brei läuft mir schon in die Schuhe.“
„Töpflein, Töpflein, dreh dich nicht um ...“, sagte das Mädchen. Aber das stimmte nicht.
„Töpflein, Töpflein an der Wand ...“
Nein, stimmte auch nicht. Und weil das Zauberwort so einfach war, fiel es ihnen nicht mehr ein, dem Mädchen nicht, der Mutter nicht, den andern nicht, und das Töpflein kochte und kochte und kocht immer weiter, bald wird der Brei unser Land vergraben und die ganze Welt – los, sag schnell das Zauberwort, wenn du's noch weißt!
Schreib's hierher:

____

b) Um welche Textsorte handelt es sich vermutlich? Kreuze an und begründe deine Entscheidung.

☐ Roman ☐ Märchen ☐ Fabel ☐ Erzählung ☐ Gedicht

____

____

c) Betrachte nun auch die Bilder. Worum könnte es in dem Märchen gehen? Vervollständige folgenden Satzanfang.

In dem Märchen könnte es um ... ______________________________

____

____

Lies das Märchen „Der süße Brei“ ein erstes Mal aufmerksam.

a) Überprüfe deine Vermutungen.

b) Welcher der folgenden Sätze fasst den Textinhalt am treffendsten zusammen? Kreuze an.

In dem Märchen „Der süße Brei“ geht es um ...

☐ ... eine Mutter, die mit ihrer Tochter und ihrem Mann in Armut lebte und die endlich reich wurden, als die Tochter einen dicken jungen Mann kennen lernte, der einen Topf mitbrachte, der immer süßen Brei kochen konnte.

☐ ... eine Mutter, die mit ihrer Tochter allein in Armut lebte und die durch einen glücklichen Zufall einen Topf geschenkt bekam, der immerzu süßen Brei kochte, sodass sie dadurch reich wurden.

☐ ... eine Mutter, die mit ihrer Tochter allein in Armut lebte und die endlich einen Mann fand, der mit ihnen eine Fabrik für süßen Brei eröffnete, sodass sie endlich reich wurden.

3 Lies das Märchen ein zweites Mal.

a) Suche die folgenden Wörter im Märchen und markiere sie.

etliche	Gemahl	Konserven	Schikanen	Nutria	Breitschwanz	
ondulieren	pediküren	Operette	Kabarett	Kitzbühl	Riviera	Alicante

b) Schreibe die schwierigen Wörter zu den passenden Erklärungen.
Schreibe die Nomen/Substantive mit Artikel auf.

Schwieriges Wort	Erklärung
	einige
	Ehemann
	Dies sind Lebensmitteldosen aus Blech (z. B. aus Weißblech oder verzinktem Stahl), die nach dem Befüllen verschlossen werden und sich nach dem Öffnen nicht wieder verschließen lassen.
	Dies ist hier gemeint im Sinne von „mit allen Extras und mit viel Zubehör“.
	Dies sind beides Felle von Tieren. Nutria ist eine Biberratte und der Breitschwanz ist ein Fell, das vom Karakulschaf stammt.
	Hiermit ist das künstliche Einbringen von Locken oder Wellen ins Kopf- oder Barthaar gemeint.
	Dieses Wort stammt vom lateinischen pes (*Genitiv* pedis) = Fuß und meint die Fußpflege. Hierbei werden im Wesentlichen die Zehennägel gekürzt und Hornhaut an den Füßen wird entfernt.
	Dies sind beides Aufführungen auf einer Bühne. Während die Operette (ital., wörtlich: „kleine Oper“) ein musikalisches Bühnenwerk ist, ist das Kabarett eher eine theaterähnliche Aufführung.
	Dies sind alles bekannte Urlaubsregionen. Kitzbühl ist z. B. ein bekannter Skiort in Österreich, die Riviera ein französisch-italienischer Küstenabschnitt und Alicante ist eine spanische Hafenstadt.

c) Findest du weitere unbekannte Wörter oder schwierige Textstellen? Schreibe sie in deinem Heft auf und kläre ihre Bedeutung.

4 Welche der folgenden Fragen sind sinnvoll, um das Märchen zu verstehen? Streiche die Fragen durch, die dir unpassend erscheinen.

Wo ereignet sich die Geschichte?
Welche Personen bzw. Figuren sind beteiligt?
Was passiert, als das Mädchen in den Wald geht, um Pilze zu suchen?
Warum findet das Mädchen keine Pilze im Wald?
Was ist das Besondere an dem Topf von der Zauberwaldfee?
Wie lautet der Zauberspruch?
Welche Wünsche haben Mutter und Tochter, nachdem sie durch den Topf nun satt sind?
Wo kommt der junge dicke Mann her, den das Mädchen heiratet?
Warum verkaufen sie schließlich den Brei?
Welche Wünsche erfüllen sie sich, nachdem sie immer reicher geworden sind?
Warum kaufen sich alle ein Auto?
Was geschieht zum Schluss des Märchens?
Warum kann der Topf nicht mehr gestoppt werden?

5 **a)** Übertrage die folgende Tabelle in dein Heft.

Fragen an den Text	Aspekt	Das steht im Text
Wo spielt die Handlung des Märchens?		
Wann ...?		
Wer ...?		
Was ...? *Worum geht ...?*		
Warum ...?		

b) Ergänze zunächst die folgenden zu untersuchenden Aspekte an der richtigen Stelle: *Handlung des Textes, Handlungsort, Figuren und Eigenschaften, Begründungen und Erklärungen, Handlungszeit.*

c) Ergänze in der linken Spalte passende Fragen und nenne in der rechten Spalte die entsprechende Textstelle.

6 a) David und Julia haben im ersten Abschnitt unterschiedliche Textstellen markiert. Entscheide und begründe, wer sinnvoller markiert hat.

David hat so markiert:

Es war einmal ein Mädchen, das lebte mit seiner Mutter allein und in Armut, denn die Mutter hatte keinen Mann. Und als sie einmal nichts mehr zu essen hatten, ging das Mädchen in den Wald.
„Vielleicht werde ich Pilze finden", sagte es, „oder Beeren, oder ich treffe die Zauberwaldfee, und sie schenkt mir einen Topf, der immer kocht, und die Speise geht nie zu Ende."

Julia hat so markiert:

Es war einmal ein Mädchen, das lebte mit seiner Mutter allein und in Armut, denn die Mutter hatte keinen Mann. Und als sie einmal nichts mehr zu essen hatten, ging das Mädchen in den Wald.
„Vielleicht werde ich Pilze finden", sagte es, „oder Beeren, oder ich treffe die Zauberwaldfee, und sie schenkt mir einen Topf, der immer kocht, und die Speise geht nie zu Ende."

Ich finde David/Julia hat besser markiert, weil ...

b) Markiere nun in ähnlicher Weise die übrigen Abschnitte.

c) Markiere die Personen, die im Text vorkommen und unterstreiche alle Informationen, die du zu den Personen bekommst.

d) Wähle eine geeignete Überschrift für den ersten Abschnitt aus. Fasse mit Hilfe der Schlüsselwörter den Inhalt des Abschnitts kurz zusammen.

Abschnitt 1 (Z. 1–14)

☐ Das Mädchen ☐ Der immer kochende Topf ☐ Die Zauberwaldfee

Eine Mutter lebte mit ihrer Tochter allein in Armut. ...

e) Wähle aus folgender Liste die passenden Überschriften für die Abschnitte 2–4.

Die Breikonservenfabrik (Abschnitt: ______)

Das vergessene Zauberwort (Abschnitt: ______)

Viele Wünsche (Abschnitt: ______)

Der dicke Junge (Abschnitt: ______)

Ein Gemahl für Mutter und Tochter (Abschnitt: ______)

f) Fasse den Inhalt der letzten drei Abschnitte in Stichpunkten in deinem Heft zusammen.

Vervollständige mit Hilfe der Wörter im Kasten die Lücken des Flussdiagramms.

Zauberwort	Tochter	Zauberwaldfee	Armut	Zerstörung	werden reich	heiraten

Ausgangssituation	Mutter lebt mit ______ allein in ______
Auslöser der Handlung	Der „immer kochende Topf" der ______
Reaktion der Betroffenen	Mutter und Tochter ______ und ______
Ergebnis der Handlung	Vergessen des ______, ______ von allem

Lehre/Moral

8 Was fällt dir zur Erzählperspektive auf? Aus welcher Sicht wird das Märchen erzählt? Ergänze folgenden Satz.

Das Märchen wird aus der Sicht eines Er-/Sie-Erzählers erzählt. Das erkenne ich daran, dass ...

9 Beurteile das Märchen.

Ist das Märchen ein traditionelles oder modernes Märchen? Begründe deine Meinung.

Das Märchen „Der süße Brei" ist ein traditionelles / modernes Märchen. Dies erkenne ich an ...

10 Welche Lehre könnte man aus diesem Märchen ziehen?
Kreuze an oder formuliere eine eigene Lehre.

Das Märchen „Der süße Brei" lehrt uns, dass ...

- ☐ ... man bescheiden bleiben soll und in Ehre halten soll, was man hat.
- ☐ ... man sein Geld ruhig ausgeben soll, wenn man es hat.
- ☐ ... einem mit Geld nichts passieren kann und man sich alle Wünsche erfüllen kann.

11 Wie könnte das Märchen weitergehen? Denke dir einen neuen Schluss aus und schreibe ihn auf.

Und zu guter Letzt: Augengymnastik

Kannst du den Text lesen, ohne das Buch zu drehen? Beginne beim roten Pfeil.

Welchen Weg muss der Hund laufen, um zu seinem Herrn zu kommen? Zeichne ihn ein.

Textquellenverzeichnis

S. 4 f. Olga-Louise Dommel: Zitteraal – Ein elektrischer Fisch. Aus: http://www.br-online.de/kinder/fragen-verstehen/wissen/2006/01550/ (Download 08. 11. 2010)
S. 10 Herzaktivität / Herzschläge pro Minute. Diagramm von der Autorin erstellt nach Daten aus: Herzschlag und Lebenserwartung von Tieren. Werner Blum, Christina Drüke-Noe, Ralph Hartung, Olaf Köller (Hg.): Bildungsstandards Mathematik: konkret, Cornelsen Verlag Scriptor, Berlin 2006
S. 14 Die beiden Kinder und die Hexe. Übersetzt von Anne R. Frank-Strauss. Aus: Sharuk Husain (Hg.) Zauberfrauen. Unionsverlag, Zürich 1995
S. 20 Lena Ullrich: Roboter: Lehrerin unter Strom. Aus: http://www.geo.de/GEOlino/technik/60623.html (Download 08. 11. 2010)
S. 24 Peter Stenz: Elefanten - Ein Waisenhaus in Sri Lanka. Aus: www.br-online.de/kinder/fragen-verstehen/wissen/ (Download 06. 01. 2010)
S. 28 f. Jens Wiesner: Geisterstunde auf Taiwanisch. Aus: http://www.geo.de/GEOlino/mensch/berufe/62276.html (Download 08. 11. 2010)
S. 32 und 36 Gummibärchen. Aus: http://www.kinder-hd-uni.de/gummibaerchen (Download 08. 11. 2010)
S. 40 Klima in Berlin. Aus: http://www.iten-online.ch/klima/europa/deutschland/berlin.htm (Download 08. 11. 2010)
S. 43 Lesegewohnheiten von Jugendlichen im Jahr 2009. Aus: JIM-Studie 2009
S. 46 Wofür sparen Kinder? Aus: ZEITMagazin Nr. 9, 25. 2. 2010, Zeitverlag Gerd Bucerius GmbH & Co. KG, Hamburg 2010
S. 49 und 52 Verzehr von Schokoladenprodukten. Diagramme von der Autorin nach verschiedenen Daten erstellt.
S. 54 Nach Äsop: Der Löwe, Wolf und Fuchs. Aus: http://www.hekaya.de/txt.hx/der-loewe-wolf-und-fuchs--fabel--aesop_37 (Download 08. 11. 2010)
S. 58 ff. Patricia Koelle: Das Traumnest. Aus: http://www.kurzgeschichten-verlag.de/kindergeschichten/kinder-115.html (Download 08. 11. 2010)
S. 63 Franz Hohler: Eine dumme Geschichte. Aus: Der Riese und die Erdbeerkonfitüre. Ravensburger Verlag, Ravensburg 1993, S. 11–13
S. 66 Die drei Wünsche. Nach: Die schönsten klassischen Märchen. Verlag Arthur Moewig. Rastatt 1987, S. 73 f.
S. 71 Janosch: Der süße Brei. Aus: Janosch erzählt Grimm's Märchen. Beltz Verlag, Weinheim 1996

Bildquellenverzeichnis

S. 4: picture-alliance/ Okapia (2); **S. 24 links.:** picture-alliance/ dpa, rechts: picture-alliance/ imagestate/ Impact Photos; **S. 28:** picture-alliance/ dpa; **S. 38 links:** © Gerhard Führing-Fotolia.com, rechts: ©mdi-Fotolia.com; **S. 39:** picture-alliance/ ZB (2); **S. 53 links:** © Ef von lks-Fotolia.com, rechts: © mhp-Fotolia.com.

Redaktion: Susanne Schulze
Bildrecherche: Angelika Wagener
Illustrationen: Sulu Trüstedt, Berlin
Umschlaggestaltung: Cornelsen Verlag Design
Layout und technische Umsetzung: Wladimir Perlin, Berlin

www.cornelsen.de

1. Auflage, 8. Druck 2025

Alle Drucke dieser Auflage sind inhaltlich unverändert
und können im Unterricht nebeneinander verwendet werden.

Druck: Drukarnia Dimograf Sp. z o.o., Bielsko-Biała

ISBN 978-3-464-60467-0

PEFC
PEFC/32-31-076
PEFC-zertifiziert
Dieses Produkt stammt aus nachhaltig bewirtschafteten Wäldern und kontrollierten Quellen
www.pefc.pl